読みなおす日本史

史書を読む

坂本太郎

吉川弘文館

目次

日本書紀

『日本書紀』は面白い書物であるというと、若い人は、あんなむずかしい漢字をビッシリ詰めた本のどこが面白いのかと、不思議に思うであろう。もっとも近頃は漢文を仮名まじりに読み下した本もあるが、岩波の古典文学大系本のように、平安時代の訓み方にこだわっている本は、むずかしいことは漢文と大差ないといっても言い過ぎではない。一般の人々には取りつきにくい本である。私なども若い時分は、見ただけでうんざりしたものである。

ところが、今になってみると、何と面白い本かと思うようになった。面白さもいろいろの段階があるが、ごく卑近な例でいえば、むずかしそうなことを言っていながら、何ともいえぬ滑稽があり、遊びがあるということである。

一例をあげると、「崇神紀《すじん》」に見えるヤマトトトヒモモソヒメノミコトとオホモノヌシノ神との物語である。オホモノヌシはヤマトトトヒメを妻として夜な夜な通うのであるが、昼間は姿を現わさない。ぜひ一度朝まで留まって下さいというヒメの願いに、それならばあなたの櫛笥《くしげ》の中に入っていようという。ヒメが朝、櫛笥をあけて見れば、小さな蛇であった。オホモノヌシは恥じて人の形になり、大空を践《ふ》んで三輪山《みわやま》に登ってしまった。ヒメは後悔して思わず尻餅をついて、へたりこんだ。その時、箸でホトをついて死ぬ。その墓を箸墓《はしはか》という。この墓は昼は人が作り、夜は神が作る。大坂山からこの墓まで人が並び、石をリレーして運んだというのである。

この話の前半は、『古事記』にもある有名な三輪山伝説で、妻問い婚の風習や、竜蛇と人間との婚姻によって家系の神秘を示そうとするモチーフに出たものだが、ヒメが箸でホトをついて死んだというのは、何ともいえぬおかしさと、あわれさとをおぼえる。もちろん箸墓の名の説明説話であるが、『古事記』にはこの話はない。『古事記』にはエロチシズムがあるが、『書紀』にはないと思うのは、大まちがいであることが、この一事でわかる。また、この話の大坂山が北葛城郡の二上山《にじようさん》につづいた山とすれば、何と大和盆地を横ぎって西の山から東の山麓まで十数キロの間、石をリレーしたことになる。雄大きわまりない話ではないか。

「欽明紀《きんめいき》」の膳 臣巴提便《かしわでのおみはすび》の話も、別の意味の面白さがある。これは膳臣の自慢話であるから、事実の程は保証できないが、百済《くだら》に使いしたとき、同行した小児が百済の浜でいなくなった。その夜大雪があり、朝になって見ると、虎の足跡がある。巴提便は武装して岩山に虎の跡を追い、子を思う親の心を虎に呼びかけた。虎が出てきて、口をあけて呑もうとしたとき、巴提便は左手をのべて虎の舌をおさえ、右手の剣で刺し殺し皮を剝ぎ取って帰ったというのである。片手で虎の舌をおさえるとは、武勇をこえたおかしささえ感じさせるが、小児を食べた虎の舌に報復を加えようという親の一念であろうか。このことを題材として詠んだ延喜《えんぎ》の日本紀竟宴和歌では、従五位下左兵衛 権 佐《ごんのすけ》藤原忠房が、

「誰も子のかなしきときは、身をすてて、虎の舌きる名も立ちぬべし」と虎の舌を切ったと解している。まさに加藤清正そこのけの剛勇譚である。

『書紀』も終りの方の「天武紀・持統紀」は実録であって、造作もなく、虚構もないというのが、ほぼ一般の考えである。ところが、天武天皇と大友皇子の争いの経緯を記した天武元年壬申《じんしん》の紀は、どうして、どうして、興味溢れる軍記物語のようなものである。とくに面白いのは、近江の瀬田橋の攻防である。いつの時代も東国から京に攻め上る軍勢は瀬田橋で京軍と雌雄を決する。この守りを破れば、京を落とすことは容易である。源平時代には有名な佐々木・梶原の先陣争いがある。二人は名馬いけづきとするすみに乗って、川を渡ったのであるが、橋は完全に破壊されたのではない。『源平盛衰記』を見ると、橋板を引いて京軍の垣楯《かいだて》とし、橋桁はそのまま残されていて、橋桁の先陣渡は平山武者所《むしやどころ》季重《すえしげ》と誇らしげに名乗った有様が記されている。

壬申《じんしん》の乱でも、近江を席捲した天武天皇方の村国連男依《むらくにのむらじおより》らの大軍は、瀬田で止められる。大友皇子の主力は瀬田橋の西に陣をしく。両軍矢を放つこと雨の如く、鉦鼓《かねつづみ》の声は数十里の遠くに聞える。近江の将智尊《ちそん》は精兵をひきいて先駈けし、橋の中間三丈ほどを切り断ち、別に一つの長板をおく。この板を踏んで渡り来る者があれば、板を引いて河中に落とそうという構えである。天武天皇方にも勇士はいる。大分君稚臣《おおいたのきみわかみ》である。長い矛《ほこ》を棄て、鎧《よろい》を重ね着して、刀を抜き、一挙に板を踏んで渡り、板につけた綱を切った。矢を被りながらも、鎧を重ねているので裏に通らない。西軍の兵はこの勢いに恐れて逃げ散ずる。将軍智尊は怒って逃げる者を斬ったが、止めることができない。却って智尊が橋のたもとで斬られて、戦いの帰趨は決した。智尊という人は氏姓も書かれていず、僧侶らしくもあるが、その勇敢な戦いぶり、大分君稚臣の文字通り一人当千ともいうべき渡橋のはなれわざ、実際そううまく出来たかどうか多分に疑わしい所を残しながら、じっと聞かせるもののある叙述の仕方、これまさに講談調ではないか。そういえば、智尊の橋上の奮闘の有様を錦絵で見た記憶がある。錦絵にしてふさわしい場面である。

こういう話はいくらもあるが、もう少し学問的な立場からいうと、『日本書紀』は不思議な書物だということになる。堂々たる勅撰の史書でありながら、前後に矛盾があり、用字に不統一があるのを、平気で見過ごしている。『文選《もんぜん》』風の四六駢儷《べんれい》の美文を列ねた個所もあれば、国語を無理に漢字化したような稚拙の文章もある。分注で日本風の訓み方を記した所も随所にあり、蓋《けだ》し何々であろうと本文の事実について編者が説明を加えた所もある。中でも史書として注意すべき点の一つは、後世の制度、いいかえれば編者の時代の制度をもって、その昔にもあったかの如く書き記していることである。

この最後の点は、『書紀』の史書としての性格にかかわる重要な問題である。大化二年（六四六）正月に発布された四ヵ条の詔は、いわゆる改新の詔として顕著な史実とされてきたが、詔中に凡《およ》そ云々と記された説明文は後世の大宝令の条文に似た所が多いので、大宝令文を転載したものであろうという推測説が前からあった。戦後その研究がたいへん進んで、それらのほとんどは大宝令文の転載であり、大化当時のものではないということが定説化した。しかし、必ずしもすべてがそうだとも言い切れない所がある。畿内の四至の規定などは、大宝令文には全くない。大化の時のものとしか考えるほかはない。

それにしても、改新の詔の第二条は、京都から国司・郡司などの地方行政機関を定めているが、そこで郡の範囲、郡司の任用方法などをこまかに述べている。この「郡」が当時の金石文では「評」と書かれている。そこで郡の部分は後の令文の転載で、改新の詔では評とあったのではないかと、井上光貞氏が言い出した。私は早速、『書紀』の天武・持統の巻のように史実と認められる部分にも郡の字が使われている実例を挙げて改新の詔に郡は存在したと反駁した。学界がいう郡評論争の始まりであるが、その後藤原宮から木簡が発見されて、大宝以前は郡に当る所に評の字が使われていることがわかって、私の説は誤りだということになった。

しかし、私はこれに対してどうも釈然としない。あの矛盾の多い『書紀』がどうして郡ばかり真剣にその文字を改定したか。少しは改定を洩らした痕跡でもありそうであるのに、それが見当らない。また大宝令制に従って用字を改定する方針を貫くとすれば、ほかに改めなければならぬ記事はたくさんある。それらには手を触れないで、郡ばかりに熱心であった理由がわからないのである。

同じ地方区画の例について考えよう。令制の地方区画は、国—郡—里である。里は霊亀元年以後は郷と改められたから、『書紀』の完成した養老四年は郷である。このうち、国という区画の名は、令制以前にも国造治下の国があるから、『書紀』でも古くから用いられていて問題はないといえる。ただ国の実体は大宝以後になると、昔の国とは違って、国造治下の国より広域になったり、逆に分割されたりする。郡のように大宝以後の実状によって古い用字を改めるとすれば、『書紀』に随所に見える吉備国《きびのくに》という広域の国名は備前・備中・備後のいずれかに改められねばなるまい。同様に越国《こしのくに》も越前・越中・越後のいずれかに、火国も肥前・肥後などに改められねばなるまい。

国の範囲については、このように旧制を黙認している外、下級単位の里もしくは郷もほとんど使わない。ただ一ヵ所、「欽明即位前紀」に深草里（山背紀伊郡）というのが見えるが、そのほかは、『和名抄』によれば郷名になっているから、『書紀』編修当時にもしくは郷と名づけられていたと思われる大和添上郡山村（欽明元年二月、同二十六年五月）、河内古市郡旧市邑（景行四十年是歳）、河内丹比郡狭山（崇神六十二年七月）のように、何もつけない例がある。評を全部郡に改めた精神に従えば、かような行政区画名をつけない地名がそのままになっているのは、前後一貫しないのである。『書紀』の編者にとって評には何か忌まわしい感じでもあったのであろうか。評は韓国渡来の区画名であるので、中国古来の伝統をもつ郡の力に圧倒せられたのであろうか。それにしても『書紀』は巻によって編者が違い、その用字法にもそれぞれの特色がある。それらが気をそろえて評を郡にかえているのも不思議である。郡評の問題は、私にとってはまだ解決できない問題である。

続日本紀

『続日本紀』はショクニホンギと読む。「続」をショクと読むのは今の人には耳遠いが、昔からの読みぐせであるから、これを大切にしたい。しかし、いつの日か、これをゾクニホンキと読まれる日の来るであろうことを、私は恐れる。「平城」はヘイゼイと読むのが古い読み方であるのに、今はヘイジョウがまかり通って、ヘイゼイなどというと、何のことかと疑う人が出るようになった。言語は生きものであるから変遷するのはやむを得ないが、固有名詞まで変るとは情けない。古い読み方で何の支障もないのに、新しい読み方をするのは、文化財保護の第一歩を誤ったものである。近頃、文化財の保護といえば、錦のみ旗のように尊ばれるが、それには莫大な費用がいる。一文《いちもん》の金もかからない固有名詞の古い読み方が保存されないようで、何の文化財保存かと、ヘイジョウと聞くたびにゾッとする。

さて、初めから余談に及んでは、読者に叱られるであろう。『続日本紀』は六国史《りっこくし》の二番目であって、対象とする時代は、文武天皇元年（六九七）から、桓武天皇延暦十年（七九一）までの九十四年余りである。世にいう奈良時代をすっぽり包んで、前後にいくらかの幅をもった時代のことが記される。あの東大寺の大仏や正倉院の御物に象徴される天平時代の文化の華やかさ、それとはうらはらに政界上層部の権力争奪のどろどろとした醜さなどを、簡潔な漢文で編年的に記しているものは本書である。

『日本書紀』のような神話伝説も載せていなければ、中国史書の文の移植もない。確実な政府の材料によって記されたものだから、その記事の真実性に疑問を抱いた人は古来あまりない。今でも各大学の史学科で古代史の演習テキストとして本書を使うのが圧倒的に多いのは、そうした信用の故であろう。

けれども、私に言わせると、この書物は歴史書としては、大変不出来なものである。体裁の統一がめちゃめちゃであり、事実の取捨選択がお粗末である。おまけに撰録前六年までの史実がもられている現代史であるという面をもつ。現代史で結構じゃないかと、若い人はいうであろうが、昔の常識では六年前などの近い頃は、少なくとも政府で編修する歴史の範疇には入らない。事実、このために本書はひどい不名誉を後世に残すことになるが、とにかくこの点も型破りである。

さて体裁の統一がめちゃめちゃだという実例をあげよう。『日本書紀』をはじめ六国史は、中国史書の体裁のうち、編年体を採用する。編年体は年月の順を追って史実を記する方式であって、全体を本紀・列伝・志・表の四部から構成する紀伝体と対立する。『史記』『漢書』など中国の正史は紀伝体を採るが、『春秋』『漢紀』『後漢紀』などは編年体を採る。

中国の編年体は徹底したもので、ただ年月に従って史実を排列する無愛想なものであるが、『日本書紀』の採った編年体は、天皇の代変りごとに、はっきりと区切りをし、初めにその天皇の名から、世系・閲歴・資性などを記し、終りに崩御の時と山陵とを記す。完全に天皇一代ごとに区分された編年体だから、紀伝体の本紀の性格を加味したものといってよい。巻の分け方もそれに照応して斉然としている。もちろん天皇の治世の長短や事績の多少に従って、数天皇で一巻とし、一天皇で一巻とするような相違はあるが、巻の途中で天皇の代変りがあるというような恰好の悪い所はない。

ところが『続日本紀』ではその恰好の悪さが頻繁に出る。まず文武・元明・元正の三代は、即位前紀もあるし、巻の分け方もはっきりして難はないが、元正天皇と聖武天皇の代変りは巻九の中間に記され、聖武天皇の年号神亀が元正天皇の紀に溯って記される。孝謙天皇に至っては、巻十七の終りに近い天平勝宝元年七月甲午に「皇太子、禅《ゆずり》を受けて大極殿に即位す。詔して曰《いわ》く云云」と、受禅のことを記すだけで本文の行《ぎょう》をかえて孝謙天皇と標記することもなく、即位前紀をも記さない。巻十七は聖武天皇の天平十九年から始まっているから、卒然としてみれば、この巻はいつの間にか孝謙天皇の御代に変っているという有様である。巻二十五淳仁天皇と称徳天皇の代変り、巻三十六光仁天皇と桓武天皇の代変りも、それに同じで、巻の途中で天皇の代が変るが、特別に新天皇を標記しない。

後半はすべてこの式かというと、光仁天皇はそうでない。巻三十で称徳天皇の崩御と七七の法事まで記し、巻三十一は天宗高紹天皇《あまむねたかつぐ》（光仁天皇）と標記して、詳しく世系、閲歴、竜潜の時（諸王であったとき）の童謡まで記して、称徳天皇崩御の後、群臣の推轅によって皇太子に立ち、宝亀元年十月己丑朔大極殿に即位したことから記事を始める。

勅撰の国史としては大切な天皇の代変りの記載が、場合によって相違し、時に整っているかと思えば、時には全くあいまいにされている。これでは体裁の統一がめちゃめちゃだと評されても仕方がないであろう。

次に今一つの例をあげると、個人の伝記の書き方のアンバランスがひどい。前半の巻では聖武天皇をはじめ立派な事績を挙げた天皇について、ただ崩御のことを記すだけで、伝記もないし讃辞もない。一代の政治家藤原不比等《ふひと》、その四人の子息たちなど、後の国史ならば、当然伝記の記されるべき人に、伝記は全くない。ところが後半の巻になると、称徳天皇に論賛めいた批判の文があり、光仁天皇には最上の讃辞を呈している。光明皇后の崩御は天平宝字四年（七六〇）だから、後半の巻に属する。そこでその伝記は丁重を極めて詳記され、「東大寺及び天下の国分寺を創建するは、もと太后の勧むる所なり」と、ウーマンリブの魁《さきがけ》のような文まである。諸臣についても、五位以上には大体詳しい伝記を載せている。

このような統一性の欠如は、史書としては不可解であるが、編修の過程を見ると、成程とうなずける。この書の編修は何回にも分けて部分的に行われ、編修責任者も前半と後半とでは全く違うのである。前半は民部大輔菅野真道《すがののまみち》、後半は右大臣藤原継縄《つぐただ》である。そして後半十四巻が延暦十三年に出来上り、まもなく六巻を追加して二十巻とし、更に延暦十六年に前半二十巻をまとめて前後合わせて四十巻としたのである。後半が先に出来、前半が後に出来たということからして不自然であるが、その上、前半二十巻はもとの原稿は三十巻であったのを極度に削って二十巻にしたという荒療治までしたのである。前半に主要な人物の伝記のないこと、和銅五年の『古事記』撰録の記事や、養老二年の律令撰修の記事のないことも、こういう事情から導かれる。ただ救いは、菅野真道が両方の編修に携っていたこと、継縄が東宮傅《とうぐうふ》、真道が東宮学士で、共に桓武天皇の信任が篤く、真道と継縄との間の意志の疏通は十分であったと思われることである。

継縄は藤原南家武智麻呂《むちまろ》の孫であるが、『日本後紀』の伝によると、「謙恭自ら守り、政迹聞えず。才識なしと雖《いえど》も、世の譏《そし》りを免るることを得たり」と酷評せられているように温厚な人であった。桓武天皇が真道と藤原緒嗣《おつぐ》とを殿上に喚して天下の徳政を論じさせたとき、緒嗣は方今天下の苦しむ所は軍事と造作とである。これを止めれば天下は安んずるであろうと進言したのに、真道はそれに異論を唱えた。天皇腹心の臣としての真道の面目が躍如としてうかがわれる。こうした天皇に親しい人が編修総裁であったことは、本書に延暦十年までの記事を載せ、現代史の性格を帯びさせたことの重要な原因になっていると、私は思う。

勅撰国史はおおむね叙述の対象を何代か前で止め、今上《きんじょう》天皇が自己の治世までを記させたものはない。この書だけは桓武天皇が自己の治世の半ばまでを叙述の対象にさせたのである。これはよほど自らの治政に対する自信がなければできることではない。天皇は奈良朝の旧体制を打開して花々しい新政を展開した。その事績や、長岡遷都、皇太子廃位などの記述を、自らの目で確めたかったのであろうか。

しかし破綻はそうした驕りの心の萌《きざ》した時に現れる。天皇が最も関心事としたであろう皇太子と藤原種継《たねつぐ》とに関する記事を後に自ら削除するという羽目《はめ》に陥った。それは廃皇太子の怨霊に対する恐れである。種継が主唱して実行された長岡遷都に対する大伴・佐伯らの旧族の反対は激しく、種継は暗殺された。天皇は激怒して大伴氏などを処分し、彼らが頭目と戴いた皇太子を廃して乙訓《おとくに》寺に幽閉した。太子は飲食を断って淡路に遷される途に歿した。所がこの後朝廷では不幸な事件が相ついで起こった。皇太后と皇后が亡くなった上に、新しく皇太子に立てた安殿《あて》親王は病弱で、手当の効もない。これをトう《うらな》と廃太子の祟《たた》りであると告げられた。天皇はそれから前太子の怨霊を慰めるために、崇道《すどう》天皇の号を贈り、淡路にある墓を山陵と称したが、その営みの一つとして『続日本紀』の廃太子に関する記事をも削除させたのである。

編修したばかりの国史の記事に、天皇が手を加えさせるというのは、何という無謀なことであろう。唐の太宗は「起《き》居注《きょちゅう》」（皇帝の日々の動静の記録）を見ようとしたが、史官はこれを見せなかった。歴史は皇帝の恣意によって動かされない。真実を後世に伝えるものだという、史官の責務を守ったからである。

桓武天皇は一旦は廃太子関係の記事を削除させたが、次の平城《へいぜい》天皇のとき種継の子の仲成と薬子《くすこ》が権力を握ると、父の事績が埋没されたのを不満として、削除した部分を復活させた。しかし、その次の嵯峨天皇になって、仲成・薬子が失脚すると、嵯峨天皇は桓武天皇の遺志を重んじて、また削除してしまった。他の国史には例のない、みっともない事件であるが、その根元は桓武天皇が触れるべきではなかった自己の治世を国史に載せたことにある。現代史は恐ろしい。これは今日にも通ずるわれわれへの教訓である。

日本後紀・続日本後紀

『日本後紀《にほんこうき》』とか『続《しょく》日本後紀』とかいう書物については、多くの人びとは恐らく関心をお持ちでないと思う。ところが私から見ると、この二つを対比して、同じ勅撰国史といいながら、編修担当者の思想の立場によって、歴史がいかに趣きの変った書物となって現れるかという見本を示された思いがして、興味深いものがあるのである。

一応解題めいたことを述べれば、『日本後紀』は桓武天皇の延暦十一年（七九二）から、平城・嵯峨の二朝を経て、淳和天皇の譲位の年、天長十年（八三三）に至る四十一年余りを対象とし、『続日本後紀』は仁明天皇の一代十七年余りを取り扱う。六国史は、『日本後紀』までは、何代かの天皇の時代を叙述の対象としたのに、『続日本後紀』になると、ただ一代の歴史ということになる。これは大きな相違である。

中国では、皇帝の言動は左右に侍した史官が毎日記録し、これを「起居注《ききょちゅう》」と称して後に残した。皇帝の代が変ると、その「起居注」を基として先皇帝の実録が作られた。王朝が変ると、その実録を中心として、先王朝の歴史が書かれ、それが正史と称せられるものになる。『続日本後紀』が一代だけの歴史で終ったのは、六国史にも実録への傾斜が見られるということになろう。しかもこれにつぐ

『文徳実録』も文徳天皇一代の歴史である。そして書名までも実録とかえられる。紀より実録への推移は、六国史後半の傾向である。

どうして、そういうことになったのか。歴史と文章を学ぶ紀伝道の学問が発達して学者の輩出したことも一つの原因であろうが、より強い原因として、その頃専権体制を固めつつあった藤原氏北家の家督が、国史編修の功を代々承け継いでいこうとした願望が挙げられると思う。

国史の編修のためには、臨時にその役人を命ずるのが例である。総裁としては大臣が選ばれた。『日本後紀』では藤原冬嗣《ふゆつぐ》、『続日本後紀』では藤原良房《よしふさ》、『文徳実録』では藤原基経《もとつね》、『三代実録』では藤原時平《ときひら》と、藤原氏北家の嫡流が代々その地位を占める。かれらが総裁の名を残すためには、おのずから対象とする時代は小刻みとならざるを得ない。北家専制の基礎を固めた良房が、一代限りの国史の総裁の魁《さきがけ》になったことは、両者の間の深い関係を察しさせる。

実録の問題から話が先に進んだが、ここではまず『日本後紀』について述べねばならぬ。『日本後紀』について残念なことは、全四十巻のうち、その四分の一の十巻しか今日に伝わっていないということである。ほかの五国史は、『三代実録』に省略した部分がある程度で、まず完全に残っているのに、『日本後紀』だけそういう運命にあることは、いたましい限りである。それも中世までは完全に残っていたのである。保元・平治時代の信西《しんぜい》入道の蔵書目録には、『日本後紀』四十巻と見え、花園天皇も四十巻全部を読了したと日記に記している。それが近世初期には全く姿を消してしまったのは、応仁の乱の戦禍にあって失われたと考えるしかない。戦争が文化遺産の大敵であることを如実に示すものである。

ただ救いは、逸文が『類聚国史』で補われることである。『類聚国史』は菅原道真《みちざね》が、六国史の編年体の欠を補うために、六国史の文を事項別に分類集成したものだから、『後紀』の文もそれで知られる。『類聚国史』も全部が残っているのではないから、『後紀』の文も全部が知られるとはいえないが、現存十巻の文の上に、かなりの文を補うことはできるのである。

こうして知られる『後紀』の史書としての特色は、一言にしていえば、批判的精神に富むということである。「六国史に褒貶《ほうへん》なし」といったのは、水戸の『大日本史』の編修総裁であった三宅観瀾《かんらん》であるが、その通り六国史は客観的な記事に満たされていて、あからさまに人物や史実に批判を加えることを避けている。けれども『後紀』は例外である。『後紀』の人物伝は長所と共に必ず短所を挙げ、批評は辛辣をきわめている。

性、愚鈍にして書記に便ならず。鼎食《ていしょく》の胤（大臣の子）なるを以て、職を内外に歴《へ》て名を成す所なし。唯、酒色を好み、更に余慮なし。（従四位下藤原縵《かつら》麻呂）

口吃りて言語渋る。任を内外に歴て、可もなく、不可もなし。（伊勢守藤原藤成）

人となり、木訥《ぼくとつ》にして才学なし。帝の外戚なるをもつて特に擢んで進めらる。蕃人（帰化人）相府に入るはこれより始まる。人位余りあり、天爵（徳行）足らずといふべし。（中納言和《やまとの》家麻呂）

性、琴歌を好み、他の才能なし。哀制にありと雖も、興に乗じて憂を忘る。財貨を貪り冒し、産業を営み求む。時議これをもって鄙《いや》しとす。（参議大中臣諸魚《もろうお》）

歯に衣をきせない人物評であって、飽きない興味をそそられる。

批判は政道に対しても遠慮なく下される。桓武天皇が延暦二十五年（八〇六）三月十七日崩ずると、皇太子が同年五月十八日即位の儀を行って、大同と改元した。これに対して『後紀』はいう。

大同と改元す。礼に非ざるなり。国君即位すれば、年を踰《こ》えて後改元するは、臣子の心として、一年に二君あるに忍びざるによるなり。今未だ年を踰《こ》えずして改元するは、先帝の残年を充分かつて、当身の嘉号となす。終を慎み、改むるなきの義を失ひ、孝子の心に違ふ。旧典に稽《かんが》ふるに失と謂ふべきなり。

踰年改元は、先年の元号法案の審議のさいに公明党の唱えた説であり、それは使用上の便宜を論拠としたものだが、この時代は一年に二君あるに忍びないという心で、改元は崩御の翌年とするのを例とした。大同だけは異例である。そこで「失と謂ふべきなり」と、手きびしい批判が加えられたのである。

一代の名君桓武天皇に対しても、批判は厳正である。大同元年（八〇六）四月、天皇大葬の日に、天皇を伝していう。

天皇性至孝。天宗《あまむね》天皇（光仁天皇）崩ずるに及び、殆《ほと》んど喪に勝《た》へず。歳時を踰《こ》ゆと雖《いえど》も、肯へて服を釈《と》かず。天皇、徳度高く峙《そばだ》ち、天姿嶷然《ぎぜん》たり。文華を好まず。遠く威徳を照らす。宸極に登りてより、心を政治に励まし、内は興作を事とし、外は夷狄を攘《はら》ふ。当年費すと雖も、後世頼る。

天皇の徳を讃えながらも、二大事業平安遷都と蝦夷征伐については、当年費すというような非難がましい文のあるのは意外である。天皇の霊がこれをきいたとすれば、快くは思わなかったであろうと想像される。ところが、何とこの議論はすでに天皇生前中に天皇の面前において藤原緒嗣《おつぐ》によってとなえられた意見なのである。

延暦二十四年（八〇五）十二月、晩年に臨んだ天皇は、静かに天下の政治のいかにあるべきかを反省する気持になったのであろう。殿上に参議右衛士督従四位下藤原朝臣緒嗣と、参議左大弁正四位下菅野朝臣真道《まみち》の二人を召して天下の徳政を相論させた。時に緒嗣は議して言った。方今、天下の苦しむ所は軍事と造作である。この両事をやめたならば、百姓は安んずるであろうと。真道はこれに異議をとなえて、あえて聴かなかった。天皇の侍臣として寵遇を蒙った真道としては、天皇が畢生の力をこめて行ってきた二大事業を罷めることは、天皇の心事を慮って賛成することに踏みきれなかったであろう。しかし天皇は緒嗣の議を善しとして、両事の停廃に従った。有識者は聞いて感嘆せざるはなかった。これは天皇の広大な度量に感嘆したということであろうが、『日本後紀』の編者の有力な一人が緒嗣であったことを思うと、この徳政論争と桓武天皇論とは相まって、『後紀』における緒嗣の関与を深く考えさせずにはおかない。

まずこの書の撰修の経過を略述すると、弘仁十年（八一九）嵯峨天皇が大納言藤原冬嗣、中納言藤原緒嗣、参議藤原貞嗣《さだつぐ》、参議良岑安世《よしみねのやすよ》らに、『続日本紀』以後の国史の撰修を命じたことに始まる。事業の終らないうちに、冬嗣、貞嗣、安世の三人は歿し、緒嗣ひとりが残った。そこで淳和天皇は改めて、大納言清原夏野、中納言直世王、参議藤原吉野、参議小野岑守《みねもり》、大外記坂上今継、大外記島田清田の六人を緒嗣に副えて事業を続けさせたが、天皇はまもなく譲位になって、その御代には完成しなかった。次の仁明天皇が更に左大臣藤原緒嗣、右大臣源常《ときわ》、中納言藤原吉野、中納言藤原良房、参議朝野鹿取に命じて事業を続けさせ、承和七年（八四〇）十二月九日に完成したのである。最初の着手から完成まで二十一年間もかかり、関係した撰者もずいぶん変ったが、ただ藤原緒嗣だけは最初から一貫してこれに関与し、最後は最高責任者の左大臣として奏上の任に当ったことは、注意しなければならぬ。そしてこのことは、『後紀』の性格に緒嗣の人生観や歴史観が力強く現れる結果を招いたと思うが、緒嗣はそれにふさわしい剛毅な人物であった。

緒嗣は式家百川の長子であるが、尋常の貴公子ではなかった。早くから桓武天皇の信任を得、五朝に歴事して大臣たること十九年の長きに及び、常に高邁の識見を以て国政処理の重きに任じた社稷《しゃしょく》の臣であった。『続日本後紀』の、かれの伝記には、「政術に暁達し、王室に臥治し、国の利害、知りて奏せざるはなし」と評している。大同二年（八〇七）参議をやめて諸道の観察使をおいたのは、緒嗣の意見によったものであるが、それは廟堂にある宰相を地方と直結させて、民生の向上に役立てようという意図を実現したものであろう。観察使の奏言によって地方の民情はいろいろと中央に申達されたが、緒嗣も畿内観察使となって国司の事力(国司の特典として給わる労動力)の廃止を建言し、東山道観察使となって、陸奥の軍処に運ぶ兵糧の運賃の剰余を担夫に給うことを述べているなど、いずれも百姓の窮弊を救おうとする具体策の一端であった。

桓武天皇の面前における緒嗣の徳政論争は、この民力休養を重んずるかれの持論を開陳したものに外ならないが、それにしてもよほど強い精神の持主でない限り、これを行うことはできなかったであろう。『日本後紀』に横溢する批判的精神は、この緒嗣の豪毅な精神の現れと私は推測する。もちろん、かれは文章のはしばしにまで手を加えることはしなかったであろうが、史臣は必ずや緒嗣の精神を体得し、これを史の文としたことであろうと思う。

編者の人格が国史に反映する今一つの好例は、つぎの『続日本後紀』に見られる。『続日本後紀』は文徳天皇が先代の国史を編修する意志を右大臣良房らに伝え、清和天皇の貞観十一年(八六九)完成奏上された。その間、編修関係者にも異動があって、完成の上表文に名を列ねたのは、太政大臣藤原良房と参議春澄善縄《はるずみよしただ》の二人である。

したがって、この書物には良房の意志と善縄の思想とが、恐ろしいほど鮮かに現れている。良房は政治的手腕に長《た》けた傑物であるが、それだけに自己顕示欲の権化みたいな人である。みずからは嵯峨天皇の皇女潔姫を夫人とし、その所生の女、明子を文徳天皇の後宮に納《い》れた。その明子の生んだ惟仁親王は、第四皇子であるにもかかわらず、生まれて一歳にも満たぬ幼少で皇太子に冊立された。藤原氏北家と皇室との結びつきを確かなものにしたのは、実にかれの働きである。かれはみずからの主宰した『続日本後紀』に、己れの名をさしたる必要もない所に記して、その名を後世に残そうとする

遣唐使の進発により、内匠頭正五位下楠野王らを差して、幣帛を伊勢大神宮に奉らしむ。この日、天皇大極殿に御せず。雨ふればなり。権中納言従三位兼行左兵衛督藤原朝臣良房、所司を率ゐて事を行ふ。（承和四年三月乙酉）

権中納言従三位兼行左兵衛督陸奥出羽按察使藤原朝臣良房、内記を召して大唐勅書を賜ひ、以てこれを蔵せしむ。（承和六年九月丙申）

乗輿、京城を巡省す。銭米をもつて窮者に賑給す。囚獄司前に至るころ、天皇問うて曰く、是を誰が家と為す。右大臣藤原良房朝臣奏して言ふ。囚獄司と。ここにおいて殊に恩詔を下して、皆獄中の罪人を免す。群臣欣悦して、ともに万歳を呼ぶ。（嘉祥二年閏十二月己未）

これらは良房の名を出さずともすむ記事である。良房が事あるごとに己れの名を国史に留めようとした執念がありありとうかがわれる。

春澄善縄は謹直の学者である。伊勢の郡司の家に生まれて何の門閥もないのに、学問ができたため

大学に学び、学問一途で参議にまで登った人である。『続日本後紀』には、この人がほとんど編修の実務に当ったであろう。かれは仁明朝をもって儒教の礼文政治の行われた理想的な時代と見、好んでそのような記事を取り上げ、情熱を注いで詳細に描写した。

天皇が毎年正月父の嵯峨上皇、母の橘太皇太后に嵯峨院に行幸謁見することは、年中行事のように記すが、嘉祥三年（八五〇）の場合などは、とくに念が入っている。この時太后は、吾れは深宮の中に居り、帝が鳳輦《ほうれん》に御する儀を見たことがない。今日は眼下に輿に乗る儀を見せよという。天皇は再三固辞して、左右大臣の意見を聞いた所、「礼は敬のみ。命の如くにして可ならん」と答えた。天皇はやむなく殿に登って太后の御簾の前に北面して跪《ひざまず》き、殿階にさしよせた鳳輦に御した。見る者涙を拭って、「天子の尊にして、北面して地に跪く。孝敬の道、天子より庶人に達すとは誠なるかな」と言ったとある。

天皇が範を垂れて孝道を実践し、天下をして孝に赴かせようという儒者の理想が描かれている感がする。こうした孝子の行いは、皇太子や皇子についても挙げられねばならぬ。

天長十年三月乙巳十八日、天皇、紫宸殿に御し、皇太子始めて朝覲《ちようきん》す。拝舞昇殿す。東宮采女、饌僕を羞《すす》む。未だ箸を下すに及ばずして、勅して御衣を賜ふ。これを受けて拝舞し、早く退く。当日両太上天皇に拝謁すべきをもつてなり、時に皇太子春秋九齢なり。しかるにその容儀礼数、老成人の如し。

天長十年九月乙未十日、第一親王田邑《たむら》朝覲す。時に春秋わづかにこれ七歳。しかるに動止端審、成人のごときあり。観る者これを異《あや》しむ。

承和元年八月乙酉七日、宗康親王始めて謁覲す。時に春秋七歳なり。

皇子が天皇に朝覲した（お目見えする）ことをかようにしばしば記すのは、他書に例は少ない。それがまた幼少であったにもかかわらず、礼儀にかなっていたということを特記するのは撰者の好みと考えるほかはない。ここでも撰者は熱心な儒教の信奉者としてその姿を示すのである。

醇儒善縄が儒教政治のよく行われた理想国を示そうとして、この書を撰修したことは、以上の諸事で明らかであるが、ややそれとははなれて善縄の弱みを正直にこの書に現わしている例として物怪《もののけ》の記事がある。『三代実録』の善縄の伝によると、かれは陰陽を信じて拘忌する所が多く、物怪のあるごとに門を閉じて斎禁して人を通さない。一月の中に門を閉じること、十回にも及んだとある。ところが、『続日本後紀』には物怪の記事がきわめて多い。そもそも物怪というような日本製漢語は国史の文にはふさわしくないもので、前後の国史には稀にしか現れないのである。『続後紀』にはそれが煩雑なくらい記される。

承和四年七月甲子。十五口の僧を常寧殿に延《ひ》き、昼は則ち読経、夜は便ち悔過、内裏に物恠あるをもつてなり。

承和六年七月甲申。僧六十口を紫宸殿、常寧殿に延き、大般若経を転読せしむ。禁中に物恠あるを以てなり。

承和六年八月壬申。真言僧十六口を常寧殿に請じ、息災の法を修せしむ。物恠あればなり。

毎年のように記される物怪の記事はこのようなものである。儒学者の善縄がこんなに物怪を恐れたというのは意外であるが、所詮かれも時代の子であって当時市井の間に行われた物怪を人一倍に信じたということが、こうした史の文となっているのであろう。

物怪のことは別として、春澄善縄が力をこめて叙述した仁明天皇の礼文政治の華やかさは後に大きな影響を及ぼした。北畠親房は『神皇正統記』に、仁明朝をもって「我国のさかりなりし事は、此比《ころ》ほひにや有けん」と言ったが、これは多分に善縄の史筆に動かされたためであろう。三善清行の意見十二箇条では、仁明朝は奢侈を極め、政府の財政は衰え、天下の費え二分の一を失ったと嘆いている。礼文政治と財政の枯渇、共に歴史の真実の一面を衝いたものであるが、その評価は人によっていかようにも変る。ともかく『後紀』と『続後紀』は、歴史叙述の態度においては、対蹠的な相違を示すものである。

文徳実録・三代実録

『文徳実録』『三代実録』は略称であって、正確には『日本文徳天皇実録』『日本三代実録』と言わねばならぬ。こうして、六国史は『日本書紀』以来全部、日本という国号を冠するのである。本居宣長は、『古事記』に比較して、『書紀』の欠点をいろいろ挙げた中の一つに、日本という国号を書名につけたのはけしからぬ、これは易姓革命の中国の史書が、王朝の名を取って『漢書』とか『晋書』とか称したのに倣ったものであろうが、国柄の違う日本にその必要はない。かの国にへつらった命名法だときめつけるのである。

宣長のこの批判は、『日本書紀』に止まらず六国史全体に及ぼさねばならぬが、私見ではこれは宣長の勇み足だと思う。『日本書紀』は、日本にも中国に劣らぬ正史を編修する力があること、またどの国に見せても恥かしくない長い歴史を持っていることを示すために作られたものであり、単に国内にだけ通用させようとしたものではない。と考えれば、日本という国号をつけたのは、他国の歴史と区別する便宜上の問題であるに止まらず、大上段から考えた名分上の名称でもある。あとの国史がみなそれを踏襲したように、書名の国号は適切であり、貴重であると、私は考える。

さて、『文徳実録』と『三代実録』の二書は、六国史の掉尾《とうび》を飾る位置にあるが、分量からいうと対蹠的である。前者は十巻で、六国史中の最短篇、後者は五十巻で最長篇である。六国史は、『日本書紀』が三十巻でちょうど中堅に当り、上は『続日本紀』『日本後紀』の四十巻、『三代実録』の五十巻と昇り、下は『続日本後紀』の二十巻、『文徳実録』の十巻に下る。十巻刻みの等差級数になっているのである。

『文徳実録』の量が少ないのは、いうまでもなく対象とした時代の範囲が短いからである。文徳天皇の在位は僅か八年六ヵ月だから、これを十巻にまとめたのは適正である。前代の仁明天皇の在位は十七年二ヵ月であって、『続日本後紀』がそれを二十巻にまとめたのと、比率はほぼ同様であるといえる。

文徳天皇の時代は、社会にこれといった大事件は起こらず、太平を謳歌した時であった。ただ藤原氏の専権体制は着々とその歩を進め、仁寿四年（八五四）までは左大臣源常《ときわ》の下に右大臣であった藤原良房が、常の死去によって群臣の上首となり、斉衡四年（八五七）には太政大臣に任じた。臣下で太政大臣に任じた初例である。次の清和天皇は幼帝で良房は摂政となるが、この幼帝の即位も良房の画策した結果である。藤原氏が皇室の外戚となることによって国政を思いのままに取りしきった基礎は、この時代に固まったといってもよく、その意味では歴史的意義のある時代である。藤原道長の栄華を述べた『大鏡』が、歴代天皇の叙述を文徳天皇から始めたのは、その辺の事情を洞察した、すぐれた選択であった。

『文徳実録』の撰者は、総裁として藤原基経が居り、下に多くの学者が参加した。南淵年名《みなぶちのとしな》・大江音人《おとんど》・善淵愛成《よしぶちのちかなり》・都良香《みやこのよしか》・菅原是善《これよし》らは、いずれも高名の学者である。

中でもこの書の編修に最も力を尽したのは都良香ではなかったかと、私は想像する。良香は下級貴族の出身であるが、詩文の才は抜群であった。貞観十四年（八七二）の渤海《ぼっかい》客使の入朝のさいは、正六位上少内記で掌渤海客使の大役を勤めた。その時かれは姓と名とは釣合がとれて美しくなる。遠人（渤海使）に示すには、よい名でなければならぬと、名を良香と改めることを太政官に申し出で許可されている。元の名は言道《ときみち》であった。都良香とはいかにも美しい詩情豊かな姓名である。

かれの作った詩については、いろいろの伝説が残されるほど秀句の誉れを得た。「気霽《は》れては風、新柳の髪を梳《くしけず》り、氷消えては浪、旧苔の鬚を洗ふ」とは、早春の風物を詠じたすばらしい句であるが、月夜に人がこれを詠って羅城門の下を過ぎたところ、楼上の鬼が「あはれあはれ」と感心したという。また竹生島《ちくぶしま》に遊んで「三千世界眼前に尽く」の一句を得たが、下の句が出てこない。島の主《ぬし》弁才天がそれにつけて、「十二因縁心裏空し」と教えたという。

かれが『文徳実録』の撰者のひとりとして有力な働きをしたと推せられる根拠の一つは、この書には他の国史に見えない特異な書法があることである。それは自然の異変を記す場合、一々、「何をもつてこれを書す。異を記すなり」という断《ことわ》り書きをすることである。たとえば、

雪あり、何をもつてこれを書す。異を記すなり。（嘉祥三年十二月十四日）

温し。何をもってこれを書す。異を記すなり。（仁寿元年冬）

のたぐいである。こういう書法は必ず中国の史書に模範があると思って探すと、はたして『春秋公羊《くよう》伝《でん》』にある。『春秋』には『左伝』『公羊伝』『穀梁伝』の三伝があるが、日本の大学では『左伝』だけを正式の教科目とし、他の二伝は採らなかった。奈良時代の末に入唐した伊与部《いよべ》家守の建議で、延暦十七年から『公羊伝』『穀梁伝』の講義が始められた。だから二伝は新来の学問として一部の学者の学んだものであるが、良香もそのひとりであったことは、他の徴証から察することができる。『公羊伝』の史法をわが国史に採用したのは、良香の力に違いないと、私は見る。

今一の、『文徳実録』の特色は、伝記が大変多いことである。それは伝記をのせる人の範囲を拡めたからである。大体、国史に伝記ののせられる人は四位以上であって、五位となるとぐっと減る。五位は『続日本紀』に六人、『三代実録』に二十九人しかないのに、『文徳実録』には三十四人もある。この数は母胎である国史の巻数の差を勘案すると、『文徳実録』の多さは圧倒的といえる。これは良香が五位止まりの官人であって、下積みの官人に深い同情を注いだからであろう。かれは伝記によると、貧しくて毎日の生活にも困ったという。それだけに、眼は庶民に向けられていたであろう。

かれが庶民の動静に関心をもったことを示す面白い記事が、『文徳実録』にある。それは米糞聖人の話である。備前の国から一人の仏道修行者を貢《たてまつ》った。この人は穀物を一切食わない。霊験があるというので、神泉苑《しんぜんえん》に安置せられた。伝え聞いた人々は家を空けて群がり集まり、願う所を申し立てた。

婦人たちは眩惑奔咽せざるはないという感激ぶりであった。一月余りで、この人は人が寝静まった夜中、ひそかに水で数升の米を食べていたことが発覚した。厠をうかがうと米糞が積りつもっていた。これでとみに声価が落ち、人々は米糞聖人といって嘲ったという。いつの世にも絶えない詐欺師の話であるが、太平の世にふさわしいほほえましさがある。

地方の物語でも面白い記事がある。斉衡三年（八五六）常陸の国から上言して、鹿島郡大洗の磯前に神が新たに降ったという。その所の住民で海水を煮て塩を造る者がいた。夜半に海を望むと、光が天に輝いた。明くる日見ると二つの怪しい石が、水ぎわに現れている。高さ各々一尺ばかり、その形は神が造ったようで、とてもこの世のものではない。のち一日また二十余りの小石が現れて、先の石に向って左右にあり、あたかも侍坐するようである。彩色も普通でない。ある形は沙門にも似ている。ただ耳や目がない。時に神が人にかかって、われはオオナモチスクナヒコナノ命《みこと》である。昔この国を造りおわって東海に去ったが、今また民を救うために帰って来たのであると託宣した。

海中の岩石が突然に出現するというのはおかしいが、神が人にかかってオオナモチスクナヒコナノ命といったという話は、あり得ることであろう。朝廷でも早速に翌天安元年（八五七）八月に、大《おお》洗《あらい》磯《いそ》前《ざき》、酒列《さかつら》磯前の神を官社とし、その十月には両神を薬師菩薩名神と号するように命じている。

前述の石が沙門にも似ているというのに照応した命名であろうが、有名な神社の成り立ちが、こんなにも正史に書かれている例は少ない。『文徳実録』が地方の実情にも目をはなさなかったことの現れである。
似たようなことは、母子草《ははこぐさ》の話にもある。仁明天皇は嘉祥三年（八五〇）三月崩じたが、同じ年の五月には母の橘太皇太后が崩じた。『文徳実録』は、それにちなんだ民間の言い伝えを載せている。それは毎年二月、母子草が田野に生ずるが、茎や葉が軟かいので、三月三日、婦女はこれを取って蒸して餅に作るのを例とした。ところが、この年は民間で、餅を作ってはならない、母子がなくなるからであると言い伝えた。『実録』の編者はこれに注して、今年この草が繁らなかったというわけではない。しかし、天は人民の口をかりて、天皇と太后との崩御を暗示したのであると。三月三日、母子草で餅を作る行事がこの頃から行われていたこと、皇室の不幸が民間でも関心事であったことを示す物語である。

『三代実録』は五十巻という大部であるが、対象とした年数は二十九年一ヵ月で、『日本後紀』の四十一年二ヵ月にはるかに及ばない。それでいて巻数は『後紀』より十巻も多いのだから、記事が詳密だということになる。ほかの国史では省略した年中行事の記事、公卿たちの辞職の上表文、それに対する勅答の文などを、原文のまま載せたことのためである。これらの文章は当時の学者が心血をそそいで書いたものだから、文人としてはこれを後世に残したいと思ったであろう。稀世の文人菅原道真《みちざね》がこの書の編者に加わっていたことからも、それはありそうなことである。

編者のことを述べるに先立って、前二代の国史が天皇一代を対象としたのに、この書になってまた三代を対象とする復古の傾向を見せたことについて一言しなければならぬ、この書の編修は宇多天皇の寛平五年（八九三）発意されたから、陽成・光孝の二朝には全く国史編修の議が取り上げられなかったことになる。それは陽成天皇が幼少で即位したこと、輔弼《ほひつ》の任の基経はこの御代に『文徳実録』の編修を主宰したこと、光孝天皇は在位期間が短かったことなどのためであろう。政道革新の意気にもえた宇多天皇が即位して、国史編修を発意したことはもっともである。そして編者の上首には大納言であった文徳源氏の源能有《よしあり》を据えた。時に左大臣には源融《とおる》、右大臣には藤原良世がいたが、ともに七十二歳の高齢である。そして、北家の家督時平は中納言で二十三歳である。天皇は北家が国史編修総裁の地位を代々掌握した慣例を、この際打破しようと試みたのではあるまいか。それは藤原氏専権体制に対するささやかな抵抗でもあったのではあるまいか。

能有の下に中納言藤原時平・参議菅原道真・大外記大蔵善行・備中掾《じょう》三統理平《みむねまさひら》らが編修員に加えられた。道真以下はいずれも紀伝の学者として選ばれたのであろうが、とくに道真には、時平に対抗する力を蓄えることを望んでいた天皇としては、道真を起用したことに深い意義を認めたことであろう。

しかし能有は天皇の期待も空しく寛平九年六月に病死した。そのためかどうか天皇は翌七月譲位して、醍醐天皇の時代になった。新帝にはとくに藤原氏を抑えるという意図はない。すでに左大臣となった時平を総裁とし、道真・善行・理平の三人の編修員はそのままとして編修を継続させた。こうして延喜元年（九〇一）の頃にはおおかた原稿はできあがったであろう。この年正月道真は讒言《ざんげん》にあって大宰府《だざいふ》に左遷せられ、理平も二月、地方官に転出した。したがって元年八月、完成奏上せられたこの書の上奏文に名を列ねたのは、左大臣藤原時平と大外記大蔵善行の二人であった。勘ぐれば、道真の失脚を待ってこの書は奏上され、時平と善行だけで完成の名誉を後に伝えようとしたものと思われる。

『三代実録』の時代は政府財政の窮乏はその度を進め、律令体制の維持は困難となった。かてて加えて、朝廷初め地方に不祥な事件が相ついで起こった。

その中央の事件でいちじるしいものは、大納言伴善男《とものよしお》が、大極殿の正門応天門に放火して、これを焼亡《しょうもう》させたことである。伴善男の祖父継人《つぐひと》は延暦四年（七八五）皇太子早良《さわら》親王を戴いて、長岡遷都の主唱者中納言藤原種継を射殺した。その罪によって継人は獄中に死し、子の国道（善男の父）は佐渡に流罪の身となった。ところが、善男はすこぶる聡明で、事務の才に長《た》けていたので、国司はこれを愛し、師友として、疑難のあるごとに意見をきく程の仲となった。延暦二十四年（八〇五）恩赦によって都に帰り、諸官を歴任して貞観六年（八六四）には、ついに大納言に昇った。

かれの上首にいる者は、太政大臣藤原良房、左大臣源信《まこと》、右大臣藤原良相《よしみ》、大納言平高棟だけである。かれは信と仲がよくなく、良相と謀って、信に叛逆の企てがあると誣告《ぶこく》し、罪に陥《おとしい》れようとした。

事の発するまぎわになって、良房がこれを知り、鋭意信の救解に当り、善男の企図を粉砕した。これが貞観八年（八六六）春のことだが、善男は更に第二の手段として応天門焼亡の罪を信になすりつけようとしたのか、あるいは逆に良房の善男を失脚させようとする挑発に乗せられたのか、この年閏三月、息子の中庸《なかつね》に応天門を焼かせたのである。

火事は応天門と棲鳳《せいほう》、翔鸞《しょうらん》両楼を焼いただけで大事に至らなかったが、その火の出所を究明して、善男が放火を命じたことが判明した。そこで善男は大逆罪とされ、伊豆国に流罪となった。

肥後守紀夏井《きのなつい》は良吏の誉れを得ながら、異母弟が善男と謀を同じくしていたというだけで土佐に流された。『三代実録』の編者は、善男の失脚を評して「積悪の家必ず余殃ありとは、蓋しこれの謂ひか」と言ったが、悧巧な善男もその権勢欲を逆に藤原氏に利用せられて、伴氏、紀氏というような古来の名族が再び立つことのできない打撃をこうむったことは皮肉である。藤原北家一流の専制態勢はこれでいよいよ確かなものとなる。

律令政治の基礎を支える班田制は、口分田の不足と、籍帳の虚偽のために、平安時代初めから規定通り行われず、六年一班を十二年一班に延ばしたが、この時代の元慶三年（八七九）、数十年ぶりに行われた班田は、京都の女子には班給せず、畿内の男子に一段半を班つというものであった。京、畿内でさえこの有様だから、地方諸国ではどのように崩れていたか想像するに難くない。人民に口分田を与えて租を徴し、男子からは調庸の物を納めさせて政府の費用に当てるという律令財政の大原則は、この時代では有名無実になっていたのである。

元慶二年（八七八）出羽国で夷俘が叛乱を起こして秋田城を焼き、同七年（八八三）には上総国の俘囚が叛乱して官物を盗み取るなど物騒な事件が相ついだが、それより先貞観十一年（八六九）には新羅の賊船が博多津に来て豊前国貢調船の絹綿を掠奪したこともあった。これは事が外国に関するだけ、朝野を驚かせたことは大きかった。朝廷では伊勢神宮をはじめ宇佐、香椎、宗像などの神社に勅使を派遣して、外冦のことがないように祈ったり、沿岸の警備に努めたりした。賊船は二隻で深い野心もなかったらしく、それだけで終ったが、平安京に太平をむさぼる貴族は、いやおうなしに時代のきびしさを知らされたに違いない。

『三代実録』には、およそこうした律令体制の自然に弱まり行く諸般の事実が記されていて興趣がつきない。

日本紀略

六国史の編修は昭代の盛事である。これによって国の初めから光孝天皇の仁和三年（八八七）まで、一年の断絶もなく、国家の正史が記されたことはすばらしい。これを編修の年からいえば、『日本書紀』の養老四年（七二〇）から、『三代実録』の延喜元年（九〇一）まで、百八十年の間、国家の修史事業が行われたことになる。たとい唐の文化の影響をうけたにしても、これだけの盛事を成しとげた律令政府の文化的水準は高く評価しなければならぬ。『三代実録』以後、次の国史を編修する試みは行われた。撰国史所がおかれて、大江朝綱《あさつな》・維時《これとき》らの文人が、その別当《べつとう》に任ぜられたことが『類聚《るいじゅう》符宣抄《ふせんしょう》』に見えている。しかしこの事業は完成奏上を見るまでに至らなかった。わずかに『新国史』の名で伝わる宇多・醍醐・朱雀三朝の紀が書かれたらしいが、それは未定稿であったため、正式の国史としては認められない。それ以後は編修事業の発意は全くなく、実に千年近くたった後の明治二年（一八六九）、新政府によって修史事業が取り上げられるのを待つほかはなかったのである。

六国史については、これに付随するいろいろの書物が作られた。『類聚国史』と『日本紀略』はその双璧である。『類聚国史』はさきに『日本後紀』の条でも触れたように、菅原道真《みちざね》が、六国史の記事を項目別に分類編修したものであり、その分類の仕方に道真のすぐれた史眼が見られるが、記事そのものは六国史の文と変った所はない。

『日本紀略』は六国史の文を抄略した部分と、六国史以後の時代の部分とをもつので、一応説明する要があるであろう。実はこの書物は、はなはだ不安定な名称と内容とをもつのである。古く鎌倉時代にできた『本朝書籍目録』には『日本史記略』または『日本史略』という名で挙げられ、江戸幕府の紅葉山文庫に蔵せられた本には『日本紀類』という名がつけられた。この『日本紀類』は、文武天皇から後一条天皇までの二十冊で、慶長十九年（一六一四）院御所から借用して筆写したものである。また塙保己一《はなわほきいち》の命をうけて山崎知雄が嘉永三年（一八五〇）版行した『日本紀略』は醍醐天皇から後一条天皇に至る十四巻であった。いま『日本紀略』として学界で通行するのは国史大系に収められたもので、もと奈良の一条院に伝えられ、久邇宮《くにのみや》の所蔵を経て宮内庁書陵部に入ったものである。神代から後一条天皇までの部分がそろっている。

さて、こんな伝来の問題より、読者の興味は内容にあるであろう。内容を一口にいえば、前にも述べたように、前篇と後篇とで全く性格が違う。前篇は六国史の記事の抄略である。抄略にも一日の記事全部を省いた場合、任官、叙位という項目だけを挙げて具体的な名を略した場合、詔勅や上奏文の一部だけを記した場合など、まちまちであるが、六国史の本文が完全に残っている部分については、これらの記事は文字の校勘に役立つ以上の意味はない。

ところがごく稀に国史の文の記さない文を加えた所がある。古い所では、孝昭天皇や孝安天皇の崩御の年は『書紀』にないが、この書にはある。そしてそれは『古事記』の年齢とも違う。反正天皇の即位前紀に「或書云」といって、「身長九尺二寸五分、歯一寸一分云々」とあるのは、『古事記』の文に似ているから、或書は『古事記』か、その系統を引いた史書であろう。これらの例から見ると、忠実な国史の抄略ではあるが、時に他書を引いて本文の足りない所を補おうとした努力を試みた跡が認められる。

中でも、もっとも大がかりな増補で、本当に国史の記さない裏面の消息を伝えたものとして、藤原百川《ももかわ》と種継《たねつぐ》とに関する記事がある。百川は式家宇合《うまかい》の第八子で、光仁天皇の宝亀十年（七七九）参議式部卿で亡くなった。『続日本紀』の伝記では「天皇甚だ信任して、委するに腹心を以てす。内外の機務、関《あずか》り知らずといふことなし。今上の東宮にましませし時、特に心を属す」と、表面的なことしか言わないが、光仁天皇の擁立、桓武天皇の立太子についての百川の画策は、こんな生《なま》ぬるい表現では物足りない。

その百川には単行の伝記が伝えられていたことが、『本朝書籍目録』で知られる。この伝記は今は書物として残っていないが、『日本紀略』光仁天皇宝亀元年八月条に「百川伝云々」として、一部分を引くのである。それは宝亀元年（七七〇）三月から、称徳天皇が病いにかかり百余日も政治を見ないこと、それは天皇と道鏡との情事関係から道鏡が雑物を奉って玉体を損じたこと、ある尼が特殊の療法で治療しようとしたのを、百川が尼を追い払って逆に天皇の崩御になったことなどから始まる。

このことは『古事談』には大変具体的な話になって進展し、『水鏡』では、「こまかに申さばおそりもはべり、このことは百川の伝にぞこまかにかきたるとうけたまはる」と、この伝えの基が百川伝にあることを認めている。しかし百川伝は称徳天皇と道鏡との関係より進んで、その後の立太子についての人選に、百川が辣腕を振るって、宣命《せんみょう》の文を改め、天智天皇の皇孫白壁王（光仁天皇）を立てたこと、天武天皇の皇孫文室大市《ふんやのおおち》を推した吉備真備は、長生きして恥を見たと致仕《ちじ》の表を上《たてまつ》って隠居したことなどを熱心に述べている。さらに『水鏡』によれば、百川の策略は井上皇后を廃し、その所生の皇子他部《おさべ》親王を東宮の位から下ろし、山部親王（桓武天皇）を太子に立てたことに執拗に及んだことがわかる。それも百川伝によって書いたものであろう。しかしこの問題については、『紀略』は百川伝を引いていないので、確かなことはわからない。

次に種継の問題は『続日本紀』の条にも触れた早良親王廃太子の件である。長岡京遷都の推進者であった藤原種継が、延暦四年（七八五）賊に射られて薨じたことは、現行の『続日本紀』には簡単にしか記されないが、それは大伴継人が大伴・佐伯の二氏を語らい、早良太子にもそのことを申して決行した陰謀であった。それは『続日本紀』の本文には委曲が記されていたのに、後に桓武天皇が廃太子の怨霊の祟りを恐れてその部分を削除《さくじょ》したのである。ところが『紀略』には、その削除した部分が載せられている。『紀略』の編者はその削除前の本文を何らかのルートによって見ることができ、その部分を増補して種継の立場を明らかにしたのである。この二点から見ると、『紀略』のこの辺りの編者は藤原式家にゆかりのある人でもあったろうかと推測せられる。

後篇の六国史以後の時代の紀も、前篇と形式内容に大きな差異はない。天皇を中心とした編年体であり、記事は事実の核心だけを述べ、贅肉《ぜいにく》は極度に省略している。大臣の任命はその名を記すが、他の人々は除目・叙位といった文字の中に一括せられている。それと共に、一日の記事全体の省略も多い。二ヵ月くらいは全く記事のない年が随所にある。ずいぶん思いきった刈り込みをした書物である。省略だけならば止むを得ないが、編修が疎漏で、同事を二ヵ所も出している例がまた多い。醍醐天皇の巻などは、それがとくに目につく。例を挙げよう。

a　昌泰二年五月二十二日　太皇太后藤原明子崩ず。年七十三　染殿太后と号す。

a′　同三年五月二十三日　太皇太后藤原朝臣明子崩ず。年七十三　清和天皇の母なり。

b　昌泰三年十月十七日　大法師増命を以て天台座主となす。

b′　延喜六年十月十七日　大法師増命を以て天台座主となす。

c　延喜十三年五月二十六日　今日三品繁子内親王薨ず。

c′　同十六年五月二十六日　三品繁子内親王薨ず。光孝第四皇女

これら各二条の記事は同事を記していて、月日もほぼ同じである。ただ年が少しずつ違う。編年の史書で年が違うというのは致命的な欠陥である。真実はどちらかの一方にあり、他方は誤りである。他書を参考すれば、その真偽は明らかになるが、とにかく一書の中においてこうした重出を許してい

るのは、『紀略』の編修が杜撰だと言われても仕方があるまい。編者はいくつかの史料によってこの書を編修したが、原史料の年の誤りを看過して、同事を別々の年に記したのであろう。あるいは、この時代は『三代実録』以後編修せられた『新国史』の対象とした時代だから、未定稿の『新国史』の誤りを踏襲したとも考えられる。

この類のことで政治上重要な事件は、『延喜格』の撰進施行の年時である。『延喜格』は弘仁・貞観の格と合わせて三代格といわれ、律令の修正を令した法令を集成したものである。それが『紀略』には、

延喜元年八月某日　左大臣等、延喜格十巻を上る。
延喜五年十一月某日　延喜格を施行す。
延喜八年十二月二十七日　延喜格を施行すべきの宣旨を下さる。

と三回も出る。そこで古来の説は延喜元年撰進せられたものが、同五年施行せられ、それが延喜七年改修せられ、八年再施行されたとする二回説をとる。七年撰進のことは『紀略』にはないが、そのほかの確実な史料は七年撰進のことを一致して告げる。

しかし、私は『紀略』特有の同事重出の場合がここにも出ているのであって、恐らく元年撰進、五年施行は、七年撰進、八年施行の誤記であろうと考える。その根拠はいろいろあるが今詳しく述べる余裕はない。

こう挙げて見ると、『紀略』の悪口ばかりを言ったことになるが、六国史なき後の編年史の大黒柱としての、この書の意義は貴重である。史料編纂所刊行の『大日本史料』第一篇・第二篇の史料の随一に挙げるのは、本書である。こうした史書が編修せられた一事で、平安時代紀伝の学未だ衰えずと讃辞を呈したい。

古事記

『日本紀略』の次に『古事記』を取り上げるのは、記載の順序を誤っているのではないか。『日本書紀』の前にまず『古事記』をこそ述べるべきであったという非難をこうむるかもしれない。

その点は重々承知のことであるが、どうも古代の代表的な史書というと、まず『日本書紀』をと思うのが、私の個人的な心情である。江戸時代の国学者がさんざん議論した記紀優劣論を今更むしかえすつもりはないが、古代の知識人が日本の代表的な史書を撰ぼうとして『日本書紀』を編修した精神は、そのまま素直に受けいれてよいのではあるまいか。苦心して年紀を作り、記事を年月日にかけ、むずかしい漢文を使って、できる限り国史としての威儀を整えようとした態度には、いじらしささえ感じられる。あとに続く五国史に至っては、記載事実の信憑性も高まって、ますますその感を深くする。『古事記』も勅撰の史書であることにおいては『書紀』と変らない。ただ史書としての重みが『書紀』には及ばない。そして神典であるとか、民族的叙事詩であるとかという評価もなされるような多義性をもっている。後世、正史に対して物語風歴史ともいうべき一群の史書が現れるが、そのルーツを辿ると『古事記』に達する。史家の立場からいうと、『古事記』は正史に対する補助的な意味での史書と認めざるを得ない。

こうはいうものの、決して私は『古事記』を軽んずるつもりはない。『古事記』の序文によれば、天武天皇の頃、諸家はすでに帝紀及び旧辞をもっていた。それが正実に違い、虚偽を加えているので、天皇は偽を削り実を定めて、正しい帝紀・旧辞を後世に残そうとした。稗田阿礼《ひえだのあれ》がそのお相手を勤めた。しかしことは容易ではない。天皇は後に、多数の皇族貴族を委員とする委員会組織によってこれを行おうとしたが、それも完成を見ないうちに崩じた。あとに続いた持統文武の朝にも、二つの仕事はそれぞれに行われたであろう。元明天皇の時になって、まず稗田阿礼が天武天皇の意志を体して行った削偽定実の結果が、太安万侶《おおのやすまろ》によって筆録せられた。これが『古事記』である。次の元正天皇の時、恐らくは委員会検討の結果を踏まえ、さらに史料を追加して編修せられたものが『書紀』である。『古事記』は和銅五年（七一二）、『書紀』は養老四年（七二〇）の完成だから、その間八年の違いがある。しかし両書ともに根幹の史料としたものは帝紀・旧辞である。『古事記』はそれのみに拠っているのに、『書紀』はそれ以外の史料をも用いていることだけが違う。

さて、帝紀とは何か。別に帝皇日継ともいわれているように、歴代天皇の系譜である。天皇が位を継いだ次第、妃や皇子女、宮都、山陵などを記したものである。旧辞は神々の物語、天皇の国内統治の物語、英雄や男女の逸事など、主として歌謡や地名伝説などを伴った情趣豊かな物語である。いずれも本来は口々に語り伝えられたものであろうが、六世紀の頃には筆録され、文献として残されたのである。帝紀は神代以来少なくとも推古天皇までのものが伝えられたが、旧辞は継体天皇頃で跡を絶つ。『古事記』は推古天皇まで帝紀的記載を残すが、旧辞は顕宗天皇の時に、盛りを失っている事実から、そのことが察せられる。

こんな概説めいたことを書いていると、読者からは、そんなことはわかりきっている。もっと学問的に実《み》のあることを聞きたい。できれば胸のスカッとするような話でもないかと問われるであろう。学問的に実のある話は、以上の概説の中に無数にひそんでいる。ただその解明が難しくて、万人が拍手を惜しまないような結論はでてこないのである。

しかし、私は『古事記』と『書紀』とを比較して、その源泉となった帝紀に大きな差異のなかったことを注意したい。『古事記』は、天武天皇が正しいと信じて定めさせた帝紀を記したものだから、今風《いまふう》の考えをもってすれば、天皇の立場に都合のよいように修正されているはずである。修正というのに語弊があるとすれば、諸説のある場合は天皇の意にかなった方を採ったと考えるのが自然である。『書紀』は多くの委員たちの討議にまかせた帝紀だから、必ずしも天皇の意に副い得たのかどうか、おぼつかない。まして、天皇の崩御後は、天皇の削偽定実の趣意がどれほど貫徹することができたかも怪しい、むしろ時の権力者の私意によって改められることだってあったと考えられないことはない。現に、かつて津田左右吉博士は『記紀』は皇室がこの国を統治することの正当性を歴史に託して明らかにしたものだといい、最近上山春平氏は藤原不比等《ふひと》が藤原政権の妥当性を示すために構想したものだという。そうした後世的な変改はやろうとすれば、できたのである。

とくに『古事記』撰録後八年たって、同じような天地開闢《かいびゃく》からの歴史が書かれたというのには天武天皇以来の発起のいきさつの差があるにしても、『古事記』では満足できないものを人々が抱いたということを考えねばならぬ。だから『書紀』は、『古事記』では足りなかったものを補い、改めなければならぬと思ったものを改めるべき立場にあったのである。事実、諸家の伝承を取りいれたり、外国関係の記事を豊富に加えたりした上に、表現にも漢文的な潤色を用いたり、改訂増補の跡は歴然として看取される。ところが歴代皇位の次第については、両書は大本において全く一致する。第一代の神日本磐余彦《かんやまといわれひこ》天皇以来第三十三代の豊御食炊屋姫《とよみけかしきやひめ》天皇に至るまで、歴代天皇の名称は文字は違っても訓みは同じであり、ひとりの相違もない。気長足姫尊《おきながたらしひめのみこと》は仲哀天皇の皇后として天皇の崩後大政をとりしきったが、身位は両書共に皇后とし、清寧天皇の後皇嗣が見つからず、かりに飯豊青《いいとよあお》皇女が天下の政をとったが、両書共にその即位を認めず、歴代の中に数えない。こうした日継の根本に関する点では、本来の帝紀がよほど確乎としたものであり、後人の恣意的な変改を許さないものであったことが察せられる。

天皇の名称、代数だけではない。后妃・宮都・山陵の名についても、小異はあるが大同である。この中で皇后が何氏から出て、その皇子が位を継いだかどうかということが、後世の諸氏の利害に関するもっとも大きな問題である。恣意的な変更を加えるとすれば、いちばんその対象となるべき性質のものである。しかし歴代それに大きな相違はない。このことは帝紀にいろいろの異本があって、内容に出入があったといっても、大問題についてはそれはなく、また天武天皇の正実と定めた帝紀にあえて異をとなえるほどの必要もなかったことを明示する。

戦後、古代天皇に関する言説が自由になったために、天皇の系譜に関して『記紀』の所伝を疑うような新説が巷に氾濫する。それらの人は大した根拠もなく、己れの臆断をもって神武天皇は存在しなかったとか、続く八代も造作加上したものだとか言い放つ。これらの人に学者としての謙虚さがあったならば、そんなことは軽々しく言えるはずはないと思う。『記紀』の一致する帝紀の重みを考えただけで、古伝承の底の深さを私は思わずにはいられない。

皇位継承についての新説の一つに、水野祐氏の万世一系否定説がある。氏は『記紀』が皇統の一系を伝えるのは作為であって、実は血統を異にする三王朝が継起した。古王朝・中王朝・新王朝がそれである。古王朝は呪教王朝であり、中王朝は征服王朝であり、新王朝は統一王朝で、これが今日まで続いている。それと共に氏は『記紀』に見える天皇を抹殺して、実在の確かな天皇は推古朝まで十八代に過ぎないとする。その根拠は『古事記』に記された崩年干支というものである。この崩年干支については古来いろいろの説があるが、氏はこれを帝紀の一種と見、これに全幅の信頼をおく。この崩年干支はすべての天皇に記されず、崇神天皇以下十五代にだけ記されている所に、氏の説の起こる隙がある。

崇神天皇　　戊寅年十二月崩

成務天皇　乙卯年三月十五日崩也
仲哀天皇　壬戌年六月十一日崩也
応神天皇　甲午年九月九日崩
仁徳天皇　丁卯年八月十五日崩也
履中天皇　壬申年正月三日崩
反正天皇　丁丑年七月崩
允恭天皇　甲午年正月十五日崩
雄略天皇　己巳年八月九日崩也
継体天皇　丁未年四月九日崩也
安閑天皇　乙卯年三月十三日崩
敏達天皇　甲辰年四月六日崩
用明天皇　丁未年四月十五日崩
崇峻天皇　壬子年十一月十三日崩也
推古天皇　戊子年三月十五日癸丑日崩

『古事記』は元来年時には無関心な書物である。本文には何年何月というデートは一切記さない。古伝は本来そういう性質のものであったのである。この崩年干支では月日まで詳しく記していて、本文とは全く調和しない。それでもっぱら後人が加えたものと考えられてきたが、水野氏は帝紀の一本にこうした注記があったものと見、崩年注記のある天皇こそ実在であり、他は造作だと考えた。そうすると欽明天皇のような偉大な天皇で、その四子が皇位をついだほどの人が不実在となるので、多少の修正を加え、欽明天皇は入れて十八代と限定した。

崩年干支の性質がまだわからず、帝紀の一種にそうしたものがあったという証はない。もしあったならば、天武天皇の削偽定実のさいに使わないはずはない。また『書紀』編修のさいに使わないはずはない。どちらでも無視されていること、□月□日と数字で日を記して干支を伴わないことの略式な書法であること、十五日とするものが全体の三分の一もあってわざとらしいことなど、どうも私にはそんなに古い帝紀の注記だとは思われない。このことを論ずるには大論文を必要とするが、こうした重要問題についての資料を『古事記』はもっているという一例として、披露するに止める。

風土記

「風土記《ふどき》」は地誌であるから、史書という名に値しないと思う人があるかもしれない。しかし、私に言わすれば、史書としての十分の資格をもつ。第一、この「風土記」の撰修を命じた和銅六年（七一三）の制を見るがよい。

制すらく、畿内七道諸国の郡郷名は好字をつけよ。その郡内に生ずる所の銀銅彩色草木禽獣魚虫等の物は具《つぶさ》に色目を録せしむ。及び土地の沃塉《よくせき》、山川原野名号の所由、又古老相伝ふる旧聞異事は史籍にのせて亦宜《またよろ》しく言上すべし。

ここで令していることは、郡郷の名に好字をつけること、郡内の鉱物植物動物などの種目、土地の肥沃の程度を挙げること、山川原野の名称の由来、古老の伝える旧聞異事を言上することであるから、後半は全く歴史的事項である。また史籍にのせて言上すべしという史籍は、単に書物という以上に、歴史的なものを意味しているのであろう。それは中国古来の書物の分類において、地理はいつも史部に入れられる。隋や唐の「経籍志」みなそうである。地理はもともと歴史と深い関係にあるが、「風土記」ではとくに歴史を重んじているのである。

和銅六年に全国に地誌の撰修を命じた理由は何であろう。当時編修中の『日本書紀』の材料を得るためだという説もあったが、「風土記」の説話は九州地方のものを除いては、ほとんど『書紀』と関係がない。『書紀』の材料というよりも、政府が全国を確実に把握していることの証《あかし》として、中央の要請に応じた地誌を備えることを望んだからであろう。銀銅彩色の類は、その頃急に需要の増した造寺造仏の資源を調べる目的もあったであろう。

今ほぼ完全な形で残っている「風土記」は、播磨《はりま》・常陸《ひたち》・出雲《いずも》・豊後《ぶんご》・肥前《ひぜん》の五ヵ国のものであるが、播磨と常陸は、下級行政区域としての里を使っているから、里が郷と改められた霊亀元年（七一五）前の撰上と見られ、提出の早かったものである。出雲は天平五年（七三三）勘造という年紀があるからかなりおくれ、豊後と肥前はそれよりも後のものらしい。

しかし、この五国の「風土記」が残ったということは偶然の幸せである。まず東国に一つ、山陰・山陽に各一つ、九州に二つという分布状態が要を得ている上に、九州に二つというのはとくに有益である。なぜならば、この九州の二風土記が形式が全く同じであるということから、九州地方の「風土記」は恐らく大宰府で統一撰修されたであろうという推測が可能となるからである。なお逸文は多くの古書に見えるが、それからも九州諸国の形式の同一性は証明せられる。これは大宰府が九州諸国を管轄した権限を察する上からも興味ある事実である。

「風土記」の地方説話としての価値を全く無視した学説が、かつて津田博士によって提出せられた。博士によると、「風土記」の物語は、『書紀』もしくはそのもとになった旧辞の発展したものであり、地名説話も山川原野名号の所由を記せと命ぜられたので、無理にそれを案出したものである。出雲の国引きの話なども、机上の製作であって、その土地に住んでいた人の間に行われたものではないというのである。

私はこれに対して強い反撥を覚える。諸国の地名説話が、「風土記」撰進の命を受けたためにわざわざ案出せられたというのは、はなはだ不自然である。そんな命がなくても、旧辞の段階で諸国の地名説話が中央に知られていたことは、『古事記』を見れば明白である。『古事記』は帝紀と旧辞だけを材料にしたものであるし、まして「風土記」以前の書物である。その中に何と地名説話の多いことか。若干の例をあげれば、神武天皇の東征にさいし青雲の白肩津《しらかたのつ》でトミノナガスネ彦と戦ったとき、御船に入れた楯を取って下り立ったので、そこを楯津といった。今日下の蓼津《くさかたで》というのはそのためである。ここで五瀬命《いつせのみこと》はトミビコの矢に中《あた》ったので、南方に迂回する作戦をとり血沼海《ちぬのうみ》に至って傷の血を洗った。そこでこれを血沼海という。次に紀国男水門《おのみなと》に至って男建《おたけび》して亡くなった。そこでその水門を男水門という。

崇神天皇の時、庶兄タケハニヤス王が謀反を起こして天皇の軍と山代の和訶羅河《わからがわ》で対陣した。互いに相挑《いど》んだので、そこをイドミといった。これが泉川という名の起こりである。戦いが進んでタケハニヤスの軍は敗れ、遁れてクスバの渡に至った。時に皆屎《くそ》が出て褌《はかま》にかかった。そこで屎褌《くそばかま》という名が起こった。今はクスバ（樟葉）という。その逃げる軍勢を斬ると、鵜のように河に浮いた。そこでその川を鵜河という。

およそこのように旧辞において地名伝説はおびただしく出る。それは旧辞伝承者の伝えたものであり、そのもとは各地の伝承にもとづくのであろう。中央の人が頭でもっていた土地についての知識が、こんなに豊富であったとは思われないからである。

「風土記」の山川原野名号の所由は地方伝説として尊重すべきものと思うが、同時に古老の伝えた旧聞異事と相まって地方説話としての意義を重くする。この旧聞異事が「風土記」で重視せられたことは、『常陸風土記』の冒頭に「常陸国司解《げ》し申す古老相伝旧聞の事」と題していることから察せられる。これだけでいえば『常陸風土記』は書籍ではなくて、常陸国司が中央政府に上申した文書《もんじょ》の形をとっていることになる。政府の命に応じて国司が提出したものだから、それが正式の形態といえる。とにかく、ここに古老相伝旧聞の事だけを挙げているのは、いかに、それが下令項目中で重要なものと考えられたかを示す。この旧聞異事は地名説話と交り合って「風土記」独特のおおらかな物語の数々を今日に伝えてくれる。

先にも触れた出雲の国引きの物語も、最後は意宇《おう》郡という地名説話に結びつくが、全体は独自の雄大な発想が躍如として人々の心をうつ。ヤツカミズオミツヌノ命《みこと》が、出雲国は狭い未完成の布のような国だ、作り縫おうというので、四方に国の余りがあるかと見わたして、まず童女《おとめ》の胸のような広い鉏《すき》を取り、魚の鰓《えら》につきさすようにして土地を切り離し、三つよりの綱をかけて、国来《くにこ》、国来《くにこ》とそろそろと引きよせて縫いつけたのが日の御崎である。その時に綱を結いつけた杭は三瓶山であり、綱は園の長浜である。次に同じように北方を見わたして引きよせて来たのが狭田国《さだのくに》である（鹿島町佐陀本郷）。さらに闇見国《くらみ》（松江市内）、三穂崎（美保関）なども縫いつけた。その三穂崎を縫ったときの綱は夜見島である。杭は伯耆の火神岳《ひのかみだけ》（大山）である。こうしてミコトは国を引き竟えたといって、意《お》宇社《うのもり》に杖をつき立て、「おえ」といった。意宇という地名はそこで生まれたというのである。

折角、国を引きよせたにしては、島根半島のごく一部分で終っているのはあっけないが、こうした説話を中央の知識人がどうして発案することができよう。出雲の海岸よりの複雑な地形に疑いを抱いた土地の人の間にこそ自然に発生したものに違いなく、東は大山、西は三瓶山という名山を、綱を結いつけた杭に見立てた所など、古代人の雄大な発想ならではの感を深くする。

『常陸風土記』にも面白い物語をのせている。

昔み祖《おや》の神が神々の所を巡行して駿河の富士山に至った所、日が暮れたので宿りを乞うた。富士の神は、今日は新嘗《にいなめ》で家内忌みこもっているからと、宿泊をことわった。み祖の神は恨み泣いて、汝の山は生涯冬も夏も雪が降り、寒さで人は登れない。飲食をたてまつる者もあるまいと罵った。

次にみ祖の神は筑波岳に登って宿りを乞うた。筑波の神はこれを款待したので、み祖の神は喜んで、いとしいわが子よ、天地日月と共に人民は集まり喜び飲食は豊かに代々絶えることなく、千秋万歳楽しみ窮まらじと歌った。これで富士山は常に雪に被われ登ることができないが、筑波岳は人々が往き集い歌い、舞い飲み喫うこと今に絶えないというのである。

天下の霊峰富士山に対抗し、筑波岳がいかに人々に愛される楽しい山かを強調している点、土地の人でなければ到底起こり得ない着想である。古代の新嘗がきびしい物忌のもとに行われたことを示す示唆に富んだ物語でもある。

市辺押磐皇子《いちのべのおしわのみこ》が雄略天皇に殺され、その二子オケ王・ヲケ王が諸国を流浪して播磨の縮見屯倉首《しじみのみやけのおびと》に馬甘牛甘《うまかいうしかい》として仕え、その家の新室楽《にいむろうたげ》の時に身分を明かして都に迎えられ、顕宗・仁賢の二帝になったという物語は、貴種流離譚の一つとして名高いが、これは旧辞にも詳しく伝えられたものであろう。『記紀』の記す所は、大本は変らぬにしても、細部においてかなりの相違がある。『播磨風土記』もまたこれを伝える。そして、いかにも地方に伝えられた物語らしく、『記紀』のような身分明かしの大げさな道具立がない。そして、『書紀』が播磨国司山部連先祖伊予来目部小楯《おだて》、『古事記』が「山部連小楯、針間国の宰《みこともち》に任《ま》けたまへの時」と、いかめしく記すのに比して、「針間国山部領《しら》しに遣はせる山部連小楯」と現実的である。中央の旧辞では国司とか国宰とかいう官職が重要だが、地方では山部を領したという実際の権限の方がはるかに関心事であったに違いない。また縮見屯倉を『書紀』は赤石郡とするが、『風土記』は美嚢《みなぎ》郡志深《しじみ》里のこととする。美嚢郡は赤石郡の北に接した山間の小郡であるから、旧辞では世に知られている赤石郡の名で伝えられたのであろう。

核心になった一つの事実が、地方にも伝えられ、旧辞にも吸収せられ、それぞれ発展の過程をとげた事情が、これによって察せられる。

以上わずか三例を挙げただけであるが、地方の古老の伝えた旧聞異事がいかに豊富であったか、人々が歴史に対する愛着をいかにもっていたかを、「風土記」の物語は示すのである。

古老の伝えた旧聞異事は「風土記」の重要な要素を占めるが、しかし、「風土記」の内容はそれだけではない。撰修を命じた制にも、郡内に生ずる所の銀銅彩色草木禽獣魚虫等の物は具にその色目を録することや、土地の沃瘠を記すことがあげられている。これは地誌として当然記さなければならぬことであり、単に過去を述べるだけでなく、現代の産業、経済の状態を示すことも必要とされたのである。

各「風土記」はその趣旨を守り、そうした記載が忠実に見られる。『播磨風土記』では、各々の里の下に、土上下、土中上、土中々など、土質の品等を上々から下々に至る六段階で克明に記している。『出雲風土記』は、産物の記載が詳しく、意宇郡について、「凡そ諸山野にある所の草木は、麦門冬《やますげ》・独活《うど》・石斛《いわぐすり》・前胡《のぜり》・高良《こうら》薑《はじかみ》・連翹《いたちぐさ》・黄精《おおえみ》・百部根《ほどずら》・貫衆《おにわらび》・白朮《おけら》・薯蕷《やまついも》・苦参《くらら》・細辛《みらのねくさ》・商陸《いおすき》・藁本《そらし》・玄参《おしぐさ》・五味子《さねかずら》・黄岑《ひいらぎ》・葛根《くずかずらのね》・牡丹《ふかみくさ》・藍《あい》・漆《うるし》・薇《わらび》・藤《ふじ》・李《すもも》・檜《ひのき》・杉《すぎ》・赤桐《あかきり》・白梧《しろきり》・楠《くすのき》・椎《しい》・海石榴《つばき》・楊梅《やまもも》・松《まつ》・柏《かしわ》・蘗《きはだ》・槻《つき》。禽獣には則ち鵰《おおわし》・晨風《はやぶさ》・山鶏《やまどり》・鳩《はと》・鶉《うずら》・鶬《つる》・鵄《とび》・鴟《ふくろう》・熊《くま》・狼《おおかみ》・猪《いのしし》・鹿《しか》・兎《うさぎ》・狐《きつね》・飛鼯《むささび》・獼猴《さる》の族あり、至って繁多にして之を題《しる》すべからず」とある。まことに繁多の上に、どういう植物なのか今の私どもには比定しがたい程むずかしい名前の羅列である。当代の記述に熱心であったことはこれで察せられる。

『出雲風土記』が当代の地誌として有用なことは、郷、駅、山、川等の地点を各郡家からの詳細な里程をもって記すことや、国中に張りめぐらされた道路網をまた精密な方向、里程をもって記すことにも見られる。これを見ると天平当時の出雲の地誌が正確な数字と共に頭に入るのである。

出雲は北は日本海に面し、東は伯耆、西は石見に隣し、南は中国山脈で備後と境する。海岸の地形は複雑で、島根半島が西から東に向い、本土との間に宍道湖《しんじこ》と中海《なかのうみ》とを抱く。そして島根半島の北、海上はるかに隠岐島がある。隠岐は出雲などと同列の国であり、出雲を通って京に連絡した。

出雲の道路はこの地形に従って、東西南北に発達する。幹線道路は山陰本道であって、東の伯耆から、西の石見に東西に走る。『風土記』はこれを正西道という。出雲の駅五所のうち四所はこの道に沿い、一所が隠岐への道に沿う。まず伯耆から来た正西道は二十里百八十歩で野城《のぎ》駅に達する（一里は旧制五町、約五四五メートル）。ここは野城橋のある所でもある。橋の長さは三十丈七尺、幅は二丈六尺である。野城駅から西二十一里で黒田駅に至る。ここは国庁と意宇郡家と同所である。ここで隠岐に向う枉北道が北に分れる。枉北道は島根郡家を経て、隠岐への渡津千酌《ちくみ》駅家の浜に至る。正西道は黒田駅から三十八里で宍道駅、宍道駅から二十六里二百二十九歩で狭結《さゆい》駅、狭結駅から西十九里で多岐駅、多岐駅から西十四里で国の西の境に至るという順序である。

隠岐に向った枉北道は島根郡家で支路を西に出す。この道は秋鹿《あいか》・楯縫《たてぬい》などの郡家を経て半島を西進し、出雲郡家で正西道に合する。つまり半島縦断の道路である。

別に正西道の玉作街から南に別れる道があり、この道は大原郡家で東南と南西との二道を分ち、各道はそれぞれ伯耆との境阿志毘縁《あしびえ》山、備後との境遊記山《ゆきやま》、比布山《ひぶ》、荒鹿《あらか》坂、三坂《みさか》等に通ずる。これらは中国山脈を横ぎる山深い所だが、こんなにも道路が整えられて、隣国との交通が便利になっていることは驚きである。しかもその山中の仁多《にた》郡には温泉がある。一ぺん浴すれば身体はやわらぎ、二へん入れば万病はなおる。男女老少、昼夜やまず、往来の跡が絶えない。土地の人は名づけて薬湯というとあるが、こういう楽しみが記してあるのもおもしろい。『出雲風土記』の地誌としての記載は満点だといって差支えない。

古語拾遺

『古語拾遺《こごしゅうい》』を文字通りに解すると、古い言葉の落葉を拾うということになるが、内容はそんなものではない。古来、『記紀』に次いで重んじられた古代史の書物である。ただ史書といっても撰述の目的は、斎部《いんべ》氏が同じく神祇に仕える中臣《なかとみ》氏に比し、余りに冷遇せられているに憤慨し、己れの立場の向上を願い、証を自家の所伝に求めて、朝廷に愁訴したという、きわめて現実的な意味をもった上表文である。だから本来『古語拾遺』という名があったとは思われない。でも平安時代中頃の文献にその書名が見えるから、そんなに新しい時代の命名というのではない。

斎部は古くは忌部と書いた。延暦二十二年（八〇三）右京の人忌部宿禰《すくね》浜成が文字を斎部に改めることを願って許可されてから、中央にいた忌部は斎部と称するが、地方の忌部にはそれは及ばなかったようである。忌という字より斎という方を好字と判断したからであろう。中臣・忌部両氏の祖神の働きは、『記紀』の神代の物語にも見えて、古くから並んで朝廷の祭祀に奉仕した。大宝・養老の神祇令には、践祚の日には中臣は天つ神の寿詞《よごと》を奏し、忌部は神璽の鏡剣を上《たてまつ》る。祈年・月次の祭には百官が神祇官に集まり、中臣は祝詞を宣り、忌部は幣帛を班《わか》つなどと規定せられ、それぞれ分掌があった。しかし氏の地位としては、中臣の方が高く、天武天皇が八姓を定めたときには、中臣は第二位の朝臣《あそん》とされたが、忌部は第三位の宿禰とされた。

この傾向は奈良時代に入っていよいよ強まり、忌部の不平は増すばかりであった。大同元年（八〇六）八月勅命で両氏の訴えを裁き、『日本書紀』や神祇令の本文にのっとり、常祀の外の奉幣使は両氏から半分ずつ取ること、他は神祇令の条文によるべきことが定められた。この裁きは、忌部は幣帛を造るだけで、祝詞は申さないから、幣帛使にあてることはできないという中臣の言い分を抑えて、忌部も幣帛使になることができるというもので、大体公平に思われる。これに対してまで忌部が不平をいうのは虫がよ過ぎる。裁きは忌部の愁訴の趣きを朝廷で聞き入れた結果に出たものと思うから、『古語拾遺』執筆の時期は大同元年八月以前ではないかと私は推測する。但し通説は『古語拾遺』本文の末尾にある大同二年二月十三日という年紀を採用するが、これに検討の余地があるようである。

桓武天皇の頃は、このような氏の高下について不平を述べて、これまでの体制を修正しようとする動きの活発になったときである。天武天皇が大本を定めた氏姓体制が奈良時代は通用したが、皇統が天武系から天智系に移るという根本の大変化があり、ことに桓武天皇の母は百済王家の女という帰化系氏族の躍進もあったので、これまで抑圧されていたと考える旧氏族たちは一斉にその不平を訴え始めたといってよい。天皇の供御を掌る安曇《あずみ》・高橋二氏の間にも供膳の先後をめぐっての争いがあり、物部氏《もののべ》にも先祖の事績が『記紀』に十分に記されなかった不満があったらしい。『古語拾遺』はこうした時代の風潮のさきがけとして、氏の伝えを朝廷に提示したものである。

従ってこの書には当然『記紀』には記されない古伝承が記されている。ただし『記紀』といっても、『古事記』は恐らく当時公けにされていなかったであろうから、問題は『書紀』である。『書紀』の文にのっとって一応神代の物語を要領よく記すが、その中に『書紀』には見られない物語がある。それが忌部の伝承であろう。

その例はたくさんあるが、一、二を挙げるならば、忌部の祖神天太玉命《あまのふとたま》を高皇産霊《たかみむすび》神の子とし、高皇産霊神の高天原での活躍を強調する。また太玉命は、天照大神の岩戸隠れのさい、部下の神々を率いて、大神を引き出すためのいろいろの調度を造りととのえる。まずイシコリドメノ神には天香山《あまのかぐやま》の銅を取って日像の鏡を作らせる。ナガシラハノ神（伊勢の麻続の祖）には麻を植えて青和幣《あおにぎて》を、アメノヒワシノ神には木綿《ゆう》を、ツクヒミノ神には穀《かじ》（楮《こうぞ》に同じ）を植えて白和幣を作らせる。アメノハツチヲノ神には文布《あやのぬの》を織らせ、アメノタナバタツヒメノ神には神衣《かみそ》を織らせる。クシアカルタマノ神にはヤサカニノ曲玉を作らせ、タオキホヒ、ヒコサシリノ二神には天御量《あめのみはかり》をもって大峡《おおかい》小峡《こかい》の材を伐って瑞御殿《みづのみあらか》を造り、兼ねて御笠と矛盾を作らせる。アメノマヒトツノ神には刀斧や鉄鐸《さなぎ》を作らせる。

こうしたもろもろの調度を備えて、祈禱をし、歌舞俳優《わざおぎ》をして、大神を引き出すのであるが、このような工芸品を生産する諸部族を太玉命は一手に管掌したのである。それが後年忌部は幣帛を班つと規定されたゆえんであるが、これらの部族が地方に分散居住していたことは注目に値する。この書の中でもアメノヒワシノ命は阿波の忌部の祖、タオキホヒノ命は讃岐の忌部の祖、ヒコサシリノ命は紀伊の忌部の祖、クシアカルタマノ命は出雲の玉作の祖、アメノマヒトツノ命は筑紫・伊勢両国の忌部の祖と記される。これは忌部の部族が阿波・讃岐・紀伊・出雲・筑紫・伊勢などの海沿いの国に居住し、中央の忌部首《おびと》に管掌されていた後の時代の情勢を反映したもので、忌部が地方に根強い力をもっていたことを示すものといえよう。

後に神武天皇の時とされるが、太玉命の孫天富命《あまのとみのみこと》は阿波の忌部を率いて東方によい土地を求め、黒潮に乗って北上し、房総半島に上陸し、ここに麻を植えた。麻は総《ふさ》ともいうので、その地を総といった。上総・下総二国がそれである。阿波の忌部の居る所は安房郡と名づけた。房総半島の突端に安房国があるのはそのためである。また穀《かじ》の木を植えた所は結城郡といった。結城のような奥地にまでも忌部は進入したのである。

天孫降臨のさい、ニニギノ尊は神璽として八《や》咫鏡《たのかがみ》・草薙剣《くさなぎのつるぎ》の二種の神宝を授けられ、矛と玉はおのずから従ったと記して、いわゆる三種の神器を二種の神器もしくは四種とも取れるように記していることも注目に値する。忌部は先にも引いた神祇令に神璽の鏡剣を上《たてまつ》るとあって、実際に神器の授受を掌ったから、その氏の伝えは尊重するに足る。三種の神器という言葉は人口に膾炙して、今日は商業製品の宣伝などに気楽に使われるが、実際はそんな生易《なまやさ》しいものではない。学問的には深い検討を要する課題なのである。

歴史時代になっても本書独特の記事がいろいろ見える。その一つは三蔵の分立である。初め神武天皇のときには、天皇と神との間は余り遠くなかったので、殿を同じくし床を共にした。神物と官物との区別もない。宮の内に蔵を立て、斎蔵《いみくら》と名づけて斎部氏にその管理をまかせた。履中天皇の時代になって、三韓からの貢物が多くなった、そこで斎蔵の傍に内蔵を建てて、官物を分ち収めた。阿知使主《あちのおみ》と王仁《わに》にその出納を掌らせ、また蔵部《くらべ》を定めた。応神朝に来朝したという阿知使主や王仁がここに出てくるのは時代を誤っているが、かれらの子孫がこの仕事に当ったと解すればよく、要は神物の出納と宮中の物の出納とを別にし、斎部氏の仕事は神物だけに縮小されたという所にあるのであろう。

次に雄略天皇の時になって、諸国の調物が年ごとにふえたので、別に大蔵を立て、蘇我満智《まち》宿禰に斎蔵、内蔵、大蔵を管理させ、秦氏をその出納にあずからせた。また東西の文氏がその帳簿をつけた。文氏は阿知使主や王仁を先祖とする氏族であるから、政府の財政は帰化系氏族の後胤に全部掌握せられたことになる。斎部はそれを憤慨して、これを述べたのであろうが、政府の財政機構の発展が大体こうした筋道を辿ったことは理解するに難くなく、後世内蔵寮・大蔵省という特別の名の官庁が律令に規定せられ、大蔵省に至っては昭和の今日も国家財政の総元締めとして巨大な権勢を握っていることの由来が知られるのも興味深い。

この外、小事であるが、孝徳天皇の白鳳四年に小花下《しょうかげ》斎部首作賀斯《さかし》を神官頭に任じて、王族、宮内の礼儀、婚姻、卜筮の事を掌らせたという記事がある。この白鳳は正しくは白雉というべきである。孝徳朝に白鳳という年号はない。奈良時代に恐らく白雉というより白鳳という方が恰好がよいというので何人《なんぴと》かが使いはじめ、やがて一般に広まったもので、『古語拾遺』の頃はその白鳳が通用したのである。平安時代中頃になると、白鳳は天武天皇の時の年号とされ、それからは白鳳と天武天皇との結びつきが強固なものとなる。大正時代に美術史の時代区分がとなえられたとき、史家はこの白鳳の語感に飛びつき、推古天皇時代を飛鳥時代、天武天皇時代前後を白鳳時代ということにした。しかし歴史を辿れば、白鳳は白雉の別号としたのが古く、正確にいっていつを指すかは、時代により流動する。そういうあやふやな名を時代の名とするのはふさわしくないというのが、私の昔からの持論である。

つぎに斎部首作賀斯の任じた神官頭は神祇を掌る官庁の長官であり、のちの神祇伯に当るであろう。神祇官は大宝令で定めたものであり、近江令では神官と称したであろうことは『書紀』に明証がある。『古語拾遺』が正しい形を伝えているとすれば、孝徳天皇のときには、すでに神官頭という官名があったことになるが、あるいは後の名を用いたかもしれず、確言はできない。

その職掌として王族や宮内の礼儀、婚姻、卜筮のことが挙げられていて、純粋に神祇祭祀だけではないことも不思議である。のちの令制では、宮内の礼儀は中務省の内礼司が掌り、王族のことは宮内省の正親司、婚姻のことは治部省の任である。神祇官の長にこんな広い職掌があったというのは、やはり斎部氏の職掌の大きかったことを示す意図によるのであろう。

以上は『書紀』の記事を補足して古代史に新しい事実を加えるものである。斎部本位の所伝といっても、その点をよく弁えて使えば、有効な古代史の史籍であることは確かである。

旧事本紀

『旧事本紀《くじほんぎ》』は不思議な書物である。序文にいう所によれば、推古天皇二十八年（六二〇）聖徳太子が大臣蘇我馬子に命じて、先代の旧事、上古の国記、神代本紀などを録させたが、撰修の終らないうちに、太子が薨去《こうきょ》したので、神皇系図一巻・先代国記・神皇本紀・臣連伴造国造本紀十巻を撰定して、「先代旧事本紀」となづけたとある。これは『日本書紀』推古二十八年紀に「皇太子、島大臣共に議して、天皇記及び国記・臣連伴造国造百八十部幷に公民等の本記を録す」とあるに当る書物と考えられ、近世初期に至るまでは『記紀』よりも古い史書として尊重せられ、ことに中世末の吉田神道では、『記紀』と合わせて三部の本書と崇め、神典として不動の位置を与えられた。

近世初期もその位置はゆるがず、新井白石の合理主義的歴史学でも、この書に疑いをもたなかった。しかし学問が進めば、欺瞞《ぎまん》はいつかは現れずにはいない。多田義俊（一六九八—一七五〇）・伊勢貞丈（一七一五—八四）らによって、太子撰録の書ではなく、後人が偽作したものであることが明らかにせられ、以来それが定説となって、今日に及んでいる。

偽書といっても、平安時代中頃以前に書かれたものであることは疑いなく、それなりの価値をもっている。とくに物部氏・尾張氏の氏の伝承を録したと思われる巻があり、それは『記紀』の記さないものである。両氏は上古には大族であったが、平安時代頃には衰えて、昔の栄光には程遠い身分となった。また『記紀』にも両氏がもっていた古伝はあまり取り上げられていない、かれらはそれを不満とし、せめて古伝を後に残そうとして、太子撰述の天皇記に仮託してこの書を書いたのであろう。その心事にはいじらしいものがあるといえる。

序文にいうように、本書は十巻に分かれ、天地開闢《かいびゃく》から推古天皇に至るまでの歴史を、編年的に九巻まで記し、第十巻は諸国の国造の任命の時と氏とを列挙した巻にあてている。巻名は、一神代本紀・陰陽本紀、二神祇本紀、三天神本紀、四地祇本紀、五天孫本紀、六皇孫本紀、七天皇本紀、八神皇本紀、九帝王本紀、十国造本紀とされる。このうち巻六までが神代に当り、巻七から人代になるが、それ以下を天皇・神皇・帝皇などの名で表わしているのは、適当な名称がなく、強いて変った名を求めたためらしく、内容には何の関係もない。巻七は神武天皇から神功皇后まで、巻八は応神天皇から武烈天皇まで、巻九は継体天皇から推古天皇までを記している。

つぎに各巻の内容は、『日本書紀』『古事記』『古語拾遺』の文を適宜に補綴《ほてい》して文を作ったものであるが、随所に独自の増補を加えた所がある。そうした増補のある所を重んじて、鎌田純一氏は、太子撰述の原旧事紀というものがあって、その残欠を平安時代に『記紀』などと合わせて現『旧事本紀』を作ったのであろうという。私は、この説に説得力があるとは思わぬ。『日本書紀』を見ると太子の天皇記・国記が撰述されていたにしても、それは蘇我蝦夷が誅せられたとき、その邸にあって焼け、船史恵尺《ふねのふひとえさか》が燼余の国記を中大兄皇子に献上したとする。船史恵尺は史官としてこの撰修に関係していたので、その手柄話に過ぎないかもしれず、かりにそれが事実であっても、壬申の乱で近江朝廷の図書は灰燼に帰したことは明らかだから、後に残ったとは思われぬ。太子撰述の史書が後に伝わったなどということは、余りに古文献を安易に見るものといえよう。

ところが鎌田氏に先だって、英国の東洋学者ロビンソン氏は本書研究のために来日して、論文を書き、驚くべき結論を公表した。それは巻七・八・九の神武天皇から推古天皇に至る部分は、『旧事本紀』の方が古く、『日本書紀』は新しい。『書紀』は『旧事本紀』を材料として書いたものであるというのである。さすがに、推古天皇時代の遺文とまではいわないが、天武天皇の国史編修を命じてから『書紀』ができるまでには、いろいろな草稿本が作られたであろうから、その一つが後に残り、今の『書紀』の材料となったということはありそうなことだというのである。

これは日本古典学の体系を一挙に覆えすような新説である。もしこれが正しければ、『旧事本紀』の価値は、この部分ではすこぶる高く評価されなければならぬことになる。私はこれに対し慎重な検討を加えたが、氏の説には型にはまった古典研究の常道を適用した誤りがある。『書紀』と『旧事本紀』との、成立の事情も時代も無視して、体裁の整っているものは新しい。文辞の稚拙なものは古いという前提から出発して、若干の字句や体裁を取り上げたために出た結論であることを確かめることができた。『日本書紀』のように、政府の史局で編修し、体裁を整えたものに比し、僅か一人か数人の人が私《わたくし》に撰んだ『旧事本紀』が、体裁が整わず、文辞の稚拙なのは当然の帰結なのである。『旧事本紀』が『書紀』や『古事記』の文を補綴して独自の文を作ったさいのミスや矛盾は、歴々として指摘するに苦しまないのである。

こんなことより、『旧事本紀』の長所は、先にも述べたように、物部氏・尾張氏の氏の伝えを記した所にある。それは神代から人代にわたっているが、集中している巻は、天神本紀と天孫本紀である。天神本紀では、物部・尾張二氏の祖ニギハヤビノミコトが天より降る行装のものものしさが印象的である。ニギハヤビノミコトは『記紀』にもその名は出るが、世系は明らかでない。『旧事本紀』ではは天照大神の孫であり、ニニギノミコトの兄とされる。アマテルクニテルヒコ、アマノホアキ、クシタマ、ニギハヤビノミコトというのがその完全な名であって、その中のアマノホアキノミコトは『書紀』の一書では、天照大神の孫ニニギノミコトの兄となっている。『旧事本紀』はニギハヤビノミコトをアマノホアキノミコトに付会しているのである。

ニギハヤビノミコトは天璽《あまつしるし》の瑞宝《みずだから》十種を授けられ、高皇産霊尊《たかみむすびのみこと》の命を受け、葦原の中国《なかつくに》を平定するために高天原から天降《あまくだ》る。その防衛神としてアマノカゴヤマノミコト以下三十二神が随行する。これらの神は後世いずれも中央・地方の有力な氏となった人々の祖神とされる。その外に二十五部の天《あまつ》物部《もののべ》、これを率いる五部造《いつとものみやつこ》・船長・梶取・船子などの名まで記される。天から降るのに船とはおかしいが、天磐船《あまのいわふね》に乗って降るのだから、船が必要なのである。そして天降った所は河内国河上哮峯《いかるがのみね》である。それから倭の鳥見の白庭山に遷った。

これは全く皇室の祖神ニニギノミコトの降臨に劣るまいとして作られた物語である。大体北方民族にはこうした祖神の天上降臨神話を伝えるものが多いから、天孫降臨はニニギノミコトの独占とはいえない。雄族物部氏にこうした説話が伝わったとしても不遜とはいえないのである。しかもこの場合ニギハヤビノミコトはニニギノミコトの兄というのだから、その方が勢いがいい。さてニギハヤビノミコトはナガスネヒコの妹ミカシキヤヒメを娶《めと》って、ウマシマジノミコトを生む。神武天皇の大和平定の時、最後までもっとも強い抵抗を試みたのはナガスネヒコであるが、ウマシマジノミコトは舅のナガスネヒコを殺して天皇に帰順し、大和は平定した。ウマシマジノミコトの子孫が物部氏となる。そしてニギハヤビノミコトがアメノミチヒメノミコトを妃として生んだ神がアマノカゴヤマノミコトであり、これが尾張氏の先祖となる。両氏は共にニギハヤビノミコトから出て、兄弟関係にある。大和朝廷の諸豪族中、先祖の神が皇室と血縁関係にあり、こんなに早く朝廷に服属したという伝承をもつ氏は少ない。二氏の一時の繁栄ぶりが察せられる。

ニギハヤビノミコトが天つ神から授けられた天璽の瑞宝というのは、瀛津《おきつ》鏡・辺都《へつ》鏡・八握《やつか》剣・生《いく》玉《たま》・死返《しかえしの》玉・足《たる》玉・道反《ちかえしの》玉・蛇比礼《ひれ》・蜂比礼・品物比礼の十種であり、これも皇室の三種の神器より種類が多い。もっとも、これをまとめれば、鏡・剣・玉・比礼の四種になり、基本的な点ではそう大きな差異はない。ただ死人を生き返らせるための死返玉とか、離れて行こうとする魂を呼び戻すための道返玉とか、その機能を細かに表現している違いがある。比礼も古代では呪力をもつとせられたもので、素戔嗚尊が大国主神を己れの聟とするための試練をしようと、蛇の室に入れると大国主神はスセリ姫から授けられた蛇の比礼で蛇を追い払い、蜈蚣《むかで》と蜂の室に入れると蜂の比礼で追い払ったという有名な『古事記』の物語でも察せられるように、蛇比礼・蜂比礼は這う虫・飛ぶ鳥の災を攘《はら》う機能をもっていた。そうした元来は実用的なものであるが、瑞宝と神聖視されると儀礼的な要素が加わって、これを一二三四五六七八九十と唱えて、ふるえ、ゆらゆらとふるえといういわゆる〝ふる〟の言の本というような行事になる。鎮魂祭はこれである。

鎮魂という言葉は今は亡くなった人の魂を鎮め慰める意味に使われるが、古代の鎮魂は全く違う。『職員令義解』に「人の陽気を魂といふ。魂は運なり。離遊の運魂を招き身体の中府に鎮む。故に鎮魂といふ」とあるように、魂は肉体を離れて外に遊び出るので、年に一回は招いて身体の中府に鎮め安んずる要がある。だから鎮魂は生きている人のためのものである。これをミタマシズメとかミタマフリとかいう。ミタマシズメは体内に鎮めおくことであり、ミタマフリは魂をゆり動かして新しい活力を与えることである。二つの行事は相伴って全き行事となる。ふるえ、ゆらゆらとふるえと呪文を唱えるのは、そのミタマフリの方に重きをおいた言い方である。本来宮中で行われたが、物部氏の氏神石上神宮でもこれを行った。

前にも言及した巻十の国造本紀は、他の巻とは全く性質を異にした一巻である。諸国の国の名を挙げて、その国造がいつの時代に、いかなる系統の人が任命せられたかを列挙する。これには序説というべきものがあって、神武天皇のとき椎根津彦が大倭《やまと》国造に任ぜられたいきさつから始めて、畿内諸国の国造、県主《あがたぬし》の任命を記す。そしてすべて国造を任ずる百四十四国とその数を挙げて序説を結ぶ。以下は「大倭国造」と題し、「橿原朝の御世、椎根津彦命を以て初めて大倭の国造となす」と説明し、順次に各国造を列挙する。従ってその列挙された国造は百四十四なければ、序説と合わないのに、百三十五しかない。その中には国司とか、県造とか国造でないものもあるので、それらを除外すると、もっとこの数は減る。序説の部分と本文との国造の数は全く一致しないということになる。

数だけではない、序説には「天《あめの》目《ま》一命《ひとつのみこと》を以て山代《やましろ》国造となす。即ち山代直の祖」という文があるのに、本文では「山城国造」の名を挙げて、「橿原朝御世、阿多根命を山代国造となす」とあって、国造になった神の名が違う。また序説では、「天日《ひ》鷲《わし》命をもって伊勢国造となす、即ち伊賀・伊勢国造の祖」とあって、伊賀・伊勢両国国造の祖は同じとなっているのに、本文では、伊勢は天日鷲命であるが、伊賀は「志賀高穴穂朝御世（成務天皇）、皇子（垂仁天皇皇子）意《お》知《ち》別《わけ》命三世の孫武《たけ》伊《い》賀《が》都別《つわけ》命を国造に定め賜ふ」とあって、時代も違うし、系統も違う。

要するに、序説と本文とはばらばらで斉合していない。これは序説と本文とは、作者も違うし、書かれた時期も違う。本文のある所へ、別の人があとから序説を加えたのでもあろうかという推測を起こさせる。

序説は大した問題でないにしても、本文がまた支離滅裂である。国造本紀だから、国造を挙げているはずなのに、和泉、丹後、出羽などでは、国司と題して、その国がいつ、どこの国から分れて一国となったかを記すだけで、国造の名前などには全く触れない。また、明らかに無知に基づくと思われる国名の重複がある。前に挙げたように「山城国造」の条下に「橿原朝御世、阿多根命を山代国造となす」とある次ぎに「山背国造」を挙げて「志賀高穴穂朝御世、曽能振命を以て国造に定め賜ふ」と記す。山城は平安奠都後、それまで山背または山代と書かれた国名を山城と改定したものだから山城国造と山背国造とが同時に存在したように記すのは、全く史実に合わない。山代国造と山背国造の任命を記した二つの伝承があったのを、編者は別の事実と考え、その一つに当世風の山城の文字を使って並べ挙げたというご丁寧な誤りを冒しているのである。

武蔵にもそうした重複が見られる。「无邪志国造」を挙げて、「志賀高穴穂朝世、出雲臣の祖、名は二井《ふたい》の宇迦諸忍《うかもろおし》の神狭命《かんさのみこと》十世の孫、兄多毛比《えたもひ》命を国造に定め賜ふ」と記し、「胸刺国造」を挙げて、「岐閉《さへ》国造の祖、兄多毛比命の児、伊狭知直《いさちのあたえ》を国造に定め賜ふ」と記す。无邪志と胸刺とは、誰が見てもムサシと読むであろう。しかもその場合、国造に任じた人も兄多毛比命またはその子であるから、国名を両様に書いた二つの史料があったのを、編者は別々の国と考えて列挙したことは明白である。

つぎに、これらの伝承にどれだけの信憑性があるのか。一つの方法として、『記紀』にいう所と、どういう関係にあるかを考えてみよう。『古事記』には、国造の祖について記す所が多いが、まとまっているものに、神武天皇の皇子神八井耳《かんやいみみ》命の子孫を列挙した中に、国造と明記したものが伊余国造・科野《しなの》国造・道奥石城《みちのおくいわき》国造・常陸仲《ひたちのなか》国造・長狭国造の五例ある。外にも大分君・阿蘇君・都祁《つげ》直など、国造の姓とおぼしいものもあるが、それは除く。この五例を『国造本紀』と対照すると、伊余は、「志賀高穴穂朝御世、印幡国造同祖、敷桁《しきたわ》波命の児速後上《はやのちあがり》命を国造に定め賜ふ」とあり、「印波国造」は「軽島豊明朝御代（応神天皇）、神八井耳命八世の孫、伊都許利命《いつこりのみこと》を国造に定め賜ふ」とある。廻りくどいが、これは『古事記』の所伝と合致する。科野も「瑞籬朝御世（崇神天皇）、神八井耳命の孫建五百建《たけいおたける》命を国造に定め賜ふ」とあって合致する。「道奥石城国造」は「志賀高穴穂朝御世、建許呂《たけころ》命を以て国造に定め賜ふ」とある。建許呂命は石背、菊多、岐閉など、近隣諸国の国造の祖とされるが、「馬来田国造」の条に、「茨城国造の祖建許呂命」の文がある。そこで「茨城国造」を見ると、「軽島豊明朝御世、天津彦根命の孫、筑紫刀禰を国造に定め賜ふ」とあって、祖は天津彦根命である。天津彦根命は、天照大神と素戔嗚尊の天安河《あめのやすかわ》のうけひの時に生まれた五柱の男神のうちの一柱で、神八井耳命とは全然違う。次の「常陸仲国造」は、「志賀高穴穂朝御世、伊予国造の同祖建借馬《たけかるめ》命を国造に定め賜ふ」とあり、これは上述の伊余国造を媒介として合致する。最後の「長狭国造」は国造本紀にない。以上、五例の吟味の結果、三例は古事記と『国造本紀』は合致するが、一例は合致せず、一例は何ともいえない。

論文ならば、こうした吟味をすべてについて行うことが必要であるが、気楽な読み物である小篇にそれを行うことは、場所柄を弁えぬ語りを免れないであろう。ここでは、この五例からだけでも国造本紀の大体の性格は推測できるという結論を示したい。

その結論は、各国造の列挙は網羅的とはいえない。当然あるべくして、脱《お》ちているものがある。同時に記された国名は、律令制下の国とは違う狭い範囲のものがあるから、古い国造の姿を残していることも認めねばならぬ。またその国造の出自についても、古文献に合うものも多いから、後世のいい加減の造作ではない。『記紀』やその基になった旧辞とも違う古伝が核心にあるのであろう。ただし聖徳太子撰述の国史に「国造本紀」があったからといって、直ちにそれに結びつけることは危険である。時代はもう少しおそく、七世紀半ば以後に始めて書かれたのであろう。しかもそれが一種ではなかったことは、先にも述べたように国造に重複のあることから察せられる。また国造任命時期についての天皇の宮号の書法は『書紀』に一致するから『書紀』によってその書法を統一する手数をかけたのであり、この設置時期については、信用はおけないであろう。同時に『旧事本紀』全体に通ずる、物部氏顕彰の精神は、この巻にも認められる。はっきり物部氏を称した国造は十一ほどあり、うち遠淡海などは『古事記』の所伝と違うのである。

要するに、全体としてははなはだしどけない記録であり、国造研究の資料として全く価値がないとは言い切れぬにしても、あまり大きな期待はかけられないというのが、私の考えである。

扶桑略記

今日でも、史学者の書いたむずかしい史書よりも、作家や評論家が自由な立場で書いた史論や伝記が、人びとに歓迎される。国家の風教に関する事実を取り上げるのが主眼だといっているような六国史には、大衆はどうも近よりがたい。不思議な神仏の霊験の物語や卑俗な街談巷説の類に、多くの人びとの興味の集まることは今も昔も変りはない。

『扶桑略記《ふそうりやっき》』はそうした卑俗の物語を多く載せた史書である。よほど広く世の中にもてはやされたとみえて、中世以来の人びとの歴史知識は、もっぱらこの書物に由来するといっても過言ではない。その意味で史学史上無視できないものがある。

著者は叡山の僧阿闍梨《あじゃり》皇円《こうえん》である。皇円は藤原氏の一流であるが、地方の国司で終った人の子であって、下層貴族の出身である。叡山に登って修行し、学は顕密《げんみつ》をきわめ、浄土宗の開祖法然の師でもあった。仏教関係の記事が書中に多いのは、こうした僧侶の執筆の故である。

『扶桑略記』の扶桑は、日本の異名である。中国の古伝によれば、扶桑は東海中にある神木で、両樹同根、互いに相倚る。日の出る所という。めでたい名である。

この書物が扱っている時代は、神武天皇から始まって堀河天皇の寛治八年（一〇九四）三月二日関白師実《もろざね》が浄妙寺に参詣するという時までである。師実はこの月八日関白を辞し、師通《もろみち》がこれに代るから、師実の関白辞任と共に筆を絶ったとみてよい。

史書としての体裁は、六国史のような天皇を一代とする編年体で、漢文である。史料は六国史の時代は主として六国史を抄録し、それに社寺の縁起や『霊異記』のようなものを付載している。六国史以後になると、『外記《げき》日記』その他、人々の伝記や手に入る限りの記録類を集録しているので、今は残っていない古書の逸文を多くここに見ることができる。

それにこれまでの史書が行わなかったこととして、中国との年代、仏滅後何年という、外国史との年時の関連を記していることが特徴である。たとえば応神天皇について、「元年庚寅、晋第一主武皇帝泰始五年に相当す。一に云ふ太始六年に当る。如来滅後一千二百一十九年也」とあるようなものである。これは編者が僧侶であるからの着想であるが、当時に知られた世界の中での日本の年代を考えるという点で、歴史意識の進歩を示している。

このような古代の天皇の中で、『記紀』といちじるしく異なる所は、清寧天皇の次に飯豊《いいとよ》天皇の項を立て、「二十四代　女帝　清寧天皇養子」と初めに記し、終りには、「同年（甲子、四八四）冬十一月天皇春秋四十五崩ず。大和国葛木埴口《はにぐちのおかの》丘陵に葬る」と、全く一代として扱っている点である。そして説明して、「この天皇、諸皇の系図に載せず、但し和銅五年上奏日本紀これを載す。仍りて注し伝ふ」と、一代に立てた理由を記している。清寧天皇崩じて後、皇嗣が定まらないので、市辺押磐《いちのべのおしわ》皇子の女飯豊青皇女が臨朝秉政したということは『書紀』に見えるが、『書紀』も『古事記』もこれを天皇とみなしていない。天皇というのは和銅五年上奏『日本紀』だと『略記』はいうが、その『日本紀』とは何ものか、古来諸説がある。私は以前は現行『日本書紀』と解してよいと考えたが、今は『古事記』を誤ったものとみる方が穏当だという意見に傾く。いずれにしても、これを一代の天皇に立てたのは『略記』編者のさかしらであり、これ以外の書には全く見えないことである。

『扶桑略記』の編者は、こうした勇み足をしばしばする。神功皇后五十年二月の条に、「始めて路駅を造る」という記事がある。これは始めて交通設備を整えたことのように見えるので、明治年間政府で編纂した『駅逓志稿』は、これを真《ま》に受けて、国内に路駅を造ったと記している。けれどこれは『日本書紀』を読み誤ったもので、実は日本と百済との国交開始に当って、百済から来た使に皇后が百済に多沙《たさ》城を賜わって、日本への往還の路駅にさせたという『書紀』の記事から、路駅の部分だけを取り出したこととの結果である。

同じく神功皇后八年の条に、「三公を罷《や》め、丞相、丞相は大臣なり。御史御史は大納言の名なりを置く。」という文がある。大へん耳よりな記事であるが、種を明かせば『後漢書』の文の転載である。『後漢書』巻九献帝紀建安十三年夏六月の条に、「三公の官を罷め、丞相・御史大夫を置く」とある。三公とは太尉、司徒、司空の三官を言い、古来中国では三師と並んで最高の官職とされたものである。日本では一度も置かれたことはない。それなのに、この記事のあるのは、建安十三年が西紀二〇八年で、『書紀』の紀年では神功皇后八年に相当するからである。年紀が一致するので、該当の記事を『後漢書』から移植したに過ぎない。上に後漢ではという限定を加えればよかったのに、それを怠ったために読者を驚かせるのである。なお「丞相は大臣なり」という分注は、『略記』編者の加えた親切だが、根本が誤っているために、何にもならない。

こうした不手際はいろいろとあるが、面白い記事はそれを補って余りあるものがある。

寛平の頃、備中の賀夜《かや》郡に賀陽良藤なる者がいた。すこぶる裕福で、銭をもって備前少目《しょうさかん》になったという。売官は綱紀の紊乱を示すものとして禁止されているが、地方の下級国司の官などは金で買うことができたらしい。寛平八年(八九六)良藤はやもめ暮らしとなり、狂気の振舞をするようになった。そのうち俄に良藤の姿が見えなくなり、方々を探したが見つからない。良藤の兄、郡の大領豊仲、弟統領豊蔭、吉備津彦神宮の禰宜豊恒、良藤の息左兵衛志忠貞ら、これらもみな豪富の人である。かれらは良藤が狂気の末に落命したものと悲しみ、せめてその屍骸をと求めても見つからない。共に発願して、もし屍骸を得たならば、等身の十一面観音の木像を造ろうと誓願した。この間十三日たって、良藤は自宅の蔵の下から出て来た。顔色憔悴して黄疸を病んだ者のようである。その蔵というのは、柱がなくて、石の上に桁をおいただけである。桁の下は地上四、五寸で、到底人の身をいれることはできない。

良藤が漸く落ちついて語るには、やもめ暮らしが久しいので、心中常に女と通ずることばかり思っていた。たまたま女の児一人が菊の花につけた手紙をもって来て、公主（高貴の人の娘）が主人を愛念する情があるので、書を奉るとある。それを見ると、詞の美しいこと、心をゆり動かすものがある。これから互いに書状を往復し、和歌も唱和した。やがて飾り車で迎えに来た。数十里ほど行った所に宮門があり、老大夫が迎えて公主の家令と称し、奥に招じ入れた。その殿屋や帷帳などは、華美を極め、食事もまた珍味をつくしている。やがて夜になり床を一つにして愛を語り、死ぬとも惜しくはないという境地にまで至った。こうした満ち足りた日を重ねるうち、男の子を儲けたが、これがまた聡明で美しく、良藤は朝夕抱いてはなさない。遂には長男忠貞を改めて庶子とし、この子を嫡子としようとまで思いこむ。三年たった頃、忽ち一人の優婆塞《うばそく》が現れ、杖をもって公主の殿上に昇ってきた。すると、侍人の男女はみな逃げ散り、公主も姿を消した。優婆塞は杖をもって良藤の背を突き、狭い隙間から外に出させた。よく見ると、我が家の蔵の桁下である。

そこで家中の人が大いに怪しんで蔵をこわしてみると、数十の狐が逃げて山中に走った。蔵の下には良藤が起居していた所がある。その狭い桁下を大殿帷帳とみせかけ、僅か十三日の期間を三年と思わせたのは、すべて霊狐のいたずらである。優婆塞は観音の化身である。大悲の力によって、この邪妖を脱することができたというのである。

ずいぶん念のいった霊狐の物語であるが、結局は観音の霊験譚である。これは当時備中介であった三善清行の記した『善家秘記』という書物に見えることであるから、人々がそう語り伝えたということは虚構ではあるまい。『扶桑略記』はこうした怪しげな話を好んで紹介するのである。

宗教にちなんでは山師《やまし》的な人がいつの時代にも活躍する。天慶の頃、朝野の崇敬の篤かった石清水《いわしみず》八幡宮に対抗して、その繁栄を奪ったくせ者の尼がある。所は粟田山の東、山科《やましな》里の北にあった藤尾寺の南の別の道場である。ここに住した一人の尼が、石清水八幡大菩薩の像を造って安置した。その霊験がすこぶる高いので、遠近の僧尼貴賤男女たち、これに帰依すること林の如く、輻湊して市を成す有様である。石清水の本宮では毎年八月十五日放生会《ほうじょうえ》を行うが、この尼も同じ日に放生会を行う。昼は伶人を迎えて音楽の妙曲を尽し、夜は名僧を請じて菩薩の大戒を伝える。飲食引物、善を尽し美を尽し、布施供養山の如くである。このため僧徒や楽人は本宮に向うことができず、本宮の法会は寂しくなった。

そこで本宮の道俗が議していうには、菩薩の広徳はあまねく法界に及ぼす。尼の考えを制止することはできない。ただ法会を同日に行っては本宮に障害が生ずる。根本が小さく枝葉が大きくなるのは面白くないというので、本宮は新宮に牒して、八月十五日の日だけは避けてほしいと申しいれた。尼はそれでも年を経て改めない。遂に天慶二年（九三九）八月十二日本宮の道俗数千人が山科の新宮に向い、その神社を破壊し、尼の身を縛り上げた。霊像は本宮に遷し尼も本宮につれ去ったという。ずいぶんまだるこしいような本宮の措置である。これまでに実力行使に出る機会はいくらもあったはずであるが、これをしなかった所に、宗教の世界はまださまで殺伐な時代にはなっていないことを示すようである。

この頃、また京中の大路の衢《ちまた》に、木を刻んで神を造り、相対して安置する。その像は男子に似て冠をかぶり、身体を赤く塗る。またある所では女子の形を作り、男子に対して立たせる。臍下腰底に陰陽を刻み画く。その前に机をおき、食器などを供える。児童たちは集まってこれを丁寧に拝み、幣帛を捧げたり、香花を供したりする。これを岐神《くなどがみ》といい、また御霊《ごりょう》とも称した。何のことかわからないが、人これを怪しんだとある。

これは、太政官の外記が記した『外記日記』によると記しているから、役人の目からみた記録であり、何か不祥の前徴かと考えたのであろう、あるいは承平・天慶の乱の勃発を諷したつもりかもしれないが、こうした道祖神信仰は、この時に始まったものではあるまい。ただ京中の大路小路の衢に安置されたというのは不安な時代の流行を示すものであろう。

こういう面白い話は別として、前にもちょっと触れたが、本書には今はなくなってしまった多くの古書の逸文が見られるということに、学問上の大きな意義がある。『扶桑略記』の時代には存在していて、著者の皇円が自由に見ることのできた書物も、九百年たった今では亡佚したものがかなり多いのである。学者はそこで完全な本がなければ、一節でも一行でも信頼できる本に引用されている文を探して逸文として尊重する。『扶桑略記』はそうした逸文の宝庫である。

ここに逸文を残した書名を一々挙げるのも芸がないから、その代表として、宇多・醍醐・村上三天皇の日記のことについて述べよう。三天皇は平安時代盛期の聖帝として知られ、とくに醍醐・村上両天皇の日記は二代の御記と称して、天皇が常時住まわれた清涼殿内の日記の御厨子《みずし》に納められていた。代々の天皇が政道の参考として、いつでもひもとくことのできるようにという配慮からであった。

宇多天皇は闊達の君であった。その御記には事実が率直に記されていて、興趣が尽きない。寛平元年八月十日の条にいう。

大臣（藤原基経）参内す。談説の次いでに云ふ。陽成院の人、世間に充満す。ややもすれば陵轢《りようれき》を致す。天下愁苦、諸人嗷々《ごうごう》。もし濫行《らんぎよう》の徒あれば、ただ彼の院の人と号す。悪君の極、今にして之を見る云々。

陽成院は先々代の天皇であるが、ただならぬ行いがあったというので、基経によって廃位せられて、今は上皇となっている。その基経のいうことであるから、幾分割引きをしてみる必要はあろうが、陽成院の人と称して乱暴を働く人が世間に充満したというのは困ったことである。悪君の極といったのは基経の言葉であろうが、宇多天皇も同様の感懐を抱かれたことであろう。なぜならば、宇多天皇は人主としての責務を痛切に感じた人であったからである。御記はつづけて言う。

又相撲の事、柏原天皇（桓武天皇）御代より、今に至るまで、代々の天皇皆尽《ことごと》くこれを好む。貞観以後寂然として音なし。今聖主之を捨てず。亦楽しからずやと。朕もとより筋力微弱にして敵すべきものなし。今、乱国の主として、日に愚慮を致さざるはなし。万機を念うごとに、寝膳安からず。爾来玉茎発《おこ》らず。只老人の如し。精神疲極により、この事あるべきなり。左丞相（左大臣源融）答へていふ。露蜂なるものあり。宗継に命じて調進せしむ。その後かれの詞により、これを服す。その験まことに言ふべきなり。

この年天皇は二十三歳である。帝位についてより、日に万機に心を注ぎ、起居も安らかでなかったというのである。それにしても玉茎云々とは、何というおおらかな率直な文であろう。王者でなければ、書くことはできまい。

醍醐天皇の御記には、ほかのどの書物にも見られない日中文化交流の上の注意すべき記事がある。それは延長四年（九二六）二月、興福寺の寛建法師が、唐の商船に乗って入唐求法し、かねて五台山を巡礼したいと申し出で、天皇の許しを得たという話である。これだけなら何の変哲もないが、法師はその際日本の文士の文筆を持って先方に行きたいと願ったというのである。詳しくいうと菅原道真・紀長谷雄の詩各三巻、橘広相《ひろみ》の詩二巻、都良香の詩一巻計九巻、小野道風の行草《ぎようそう》の書各一巻である。これを唐に流布させたいというのであるから、日本文化の発達に対する並々ならぬ自信のほどがうかがわれる。天皇ももちろんこれを喜んだのであろう。黄金小百両を寛建に賜わって旅資にあてさせているが、別に宇多上皇の仰せもあって、さらに黄金五十両を賜わったとある。

これを日本文化独立の一つの徴証として、辻善之助博士は特筆するが、たしかに近々二百年程の間にかの国から全面的に受入れた漢詩や書を、すぐれた人のものに限って先方に持って行き、流布させようというのは、日本人の外国文化摂取の逞しい力量を示したものとして注目に値する。これは今日明治以来熱心に吸収した欧米文化を、発展させてかの地に送ろうとするパターンの基を示したものといってもよい。

村上天皇の御記の中では、天徳四年（九六〇）九月の内裏焼亡の記事が圧巻である。御記によると、火は内裏を囲む宮門の一つ左兵衛陣門と言われる宣陽門から起こった。ここは温明殿《うんめいでん》（内侍所《ないしどころ》）に近い。内侍所には神鏡を始め貴重な代々の宝物が納めてある。早速侍臣をやって内侍所に納めてある太《だい》刀《と》、契《けい》を取り出させようとしたが、すでに火中にあって取り出すことができない。この間火は宮門の廊をなめつくして、延政門から承明門（宮門南正面の門）に及んだ。天皇は内裏の西の一廓中院に移り、神嘉殿に火を避けた。しかし、火勢が漸く近いので、右大将藤原師尹《もろまさ》は議して、内裏をはるかに南方に離れた太政官に天皇の行幸を願った。天皇は太政官の朝所《あいたんどころ》に到着すると、師尹はいう。太政官は内裏から方角が悪い、太白《たいはく》（金星）がこちらにある、職御曹司《しきみそうし》（内裏廓外の東北にある皇太子の宿所）にお移りあるべきであると。全く逆の方向に行幸する。この非常の際に方角の吉凶など言い出すのは、いかにも平安貴族らしいが、それにしても最初の判断はまずかった。

ここから御記の本文を引こう。それは天皇の自責の念をよくあらわしているからである。

右大臣（藤原顕忠）を召して詔す。朕、不徳を以て久しく尊位に居り、この災殃《さいおう》に遭ふ。歎憂極りなし。朝忠朝臣還り来りて奏《もう》す。火気漸く衰え、八省に延《ひ》き及ぶべからず。火は亥の四点（午后十二時）より起こり、丑の四点（午前三時）に迄《いた》る。宜陽殿累代の宝物、温明殿の神鏡、太刀、節刀、契、印、春興・安福両殿の戎具、内記所文書、又仁寿殿太一式盤、皆灰燼となる。天下の災これに過ぎたるはなし。後代の讖《そし》り、謝する所を知らず。鈴の辛櫃《からびつ》御所内に置く。印幷びに鎰《かぎ》の辛櫃は外記局に納む。人代以後、内裡焼亡三度なり。難波宮、藤原宮、今の平安宮なり。遷都の後既に百七十年を歴て、始めてこの災あり。

廿四日辛酉、延光朝臣をして仰せしめて云ふ。左右中少将を遣はして温明殿に納むる所の神霊鏡幷びに太刀、契印等を鑿《さぐ》り求めしむ。蔵人忠尹をして僧正延昌に仰せ、左近衛府大将曹司に於いて御修法を修し畢るべし。御読経は八省に於いて修し畢ること宜しかるべしと、重光朝臣来り奏して云ふ。火気頗る消ゆるにより、温明殿の所に罷り到り、求め見るに、瓦の上に鏡一面あり。径八寸ばかり。頭に小瑕ありと雖も、専ら損することなし。円規幷びに帯等甚だ以て分明に露出す。破れ瓦の上に俯す。之を見る者驚き感ぜざるはなし。又太刀、契等を求め得たり。神鏡等を以て縫殿寮高殿に安置す。

これで内侍所は焼けたけれど、神鏡は無事だったこと、また円規とあるから円鏡であったことなどが知られる。神鏡の安全だったことは、のちに伝説を生み、神鏡はみずから飛び出して南殿（紫宸殿）前の桜の木にかかったのを左大臣小野宮実頼が警蹕《けいひつ》をとなえて袖の中に入れたということが、『江次《ごうし》第《だい》』『古今著聞集』などに見える。御記の文は親しく体験された事実を記しているから、これほど確かな記録はない。貴重な史料である。

将門記

平安時代も中頃になると、かな文の発達に伴って、歴史書にも物語的なものが次第に現れる。六国史風のしかつめらしい漢文の歴史より読み易い、かな交りの歴史に人びとの好尚の移るのは、自然の勢いである。しかも紫式部のような見識のある人は、「日本紀などはたゞ片そばぞかし。これらにこそ道々《みち》しく、くはしきことはあらめ」と、漢文風の正史より物語の方に人情の機微を穿《うが》ったすぐれた叙述があると、自負しているのである。

その物語風の歴史の中に、宮廷を中心として皇族貴族の生活を記した歴史と、戦陣武士の勇ましい行動を叙した歴史との二種類がある。前者は歴史物語または物語風歴史と称し、後者は軍記物語というのが例である。

ここでは軍記物語の魁《さきがけ》としての『将門記《しょうもんき》』を取り上げよう。これは物語といっても、漢文体のいかめしい文章で書かれているから、いわゆる物語というイメージとは違う。けれども内容を見れば、すこぶる物語的であり、軍記物語の祖として十分その地位を辱しめないのである。

明治の新史学興隆の時代に、多くの史書について的確な考証を試み、物語と実録との選別に、きびしい結論を下した星野恒《ひさし》博士は、どうしたことか、『将門記』については大へん甘い採点を下した。

この書の末に「天慶三年六月中記文」という文章のあることから、将門が伏誅した天慶三年（九四〇）二月から、僅か四ヵ月後の文である。恐らく見聞した所を書いたものであろう。書中にあげられている地名はよく実際の地理に合い、文中仏事仏理を述べる所が多いから、東国在住の僧侶がものしたのであろうか。実録として記述詳細、すこぶる曲折をつくすと称賛している。

しかし、この「天慶三年六月中記文」という文章は、こうした書物を書き終った年時を記す書き方として、少し異例である。普通ならば、何年何月書き訖《おわ》んぬとか、筆をおくとかと記す所である。

それに、この年紀の前は将門が冥途に行って、毎日苦しんでいるという将門の消息を記した文である。自分は生前に一善も修しなかったので、その業報によって悪趣を廻《めぐ》っている。我れを訴える者一万五千人もある。ただ金光明経の助けによって、その苦にも一月に一度の休みがある。娑婆の人達は、人のために慈善をし、生物《いきもの》を食せず、仏僧に供すべし。亡魂の消息右の如しという文で終えている。いかにも仏徒の説教めいた文であるが、「天慶三年六月中記文」はこの消息の日付と見るのが自然である。死後四ヵ月は地獄での苦しみを訴えて、諸人に生前の善行を説くのにふさわしい年月だといえよう。

『将門記』はさらにこの文のあとに、「或本に曰く」として、この消息の敷衍《ふえん》を試み、最後に「後々の達者、且《かつ》記さんのみ。仍《よ》りて里の无名《むめい》（作者の卑下の辞）謹みて表す」と記しているが、これこそ作者の末尾の文としてふさわしい。『将門記』は乱の終熄後僅かに四ヵ月で書かれたというような、なまなましい記録ではないのである。

なまなましい記録でないということは、余りにも文章を飾っている所が目につくからである。私はかつて、唐の太宗が太子に授けた帝王としての訓誡の書である『帝範《ていはん》』の文章が、この『将門記』にそっくりそのまま取り入れられていることを知って、驚いた経験がある。『帝範』は平安時代に宮廷で重んじられ、帝王学必修の書物の一つとされた。『貞観政要《じょうがんせいよう》』『群書治要《ぐんしょちよう》』なども帝王学の教科書であるが、いずれも浩瀚《こうかん》なのに比し、『帝範』は僅か二巻である。代々の天皇はこれを諳《そら》んじられるくらい身につけていたと考えられる。

承平五年（九三五）まだ将門が一族間の内紛にまきこまれている時、一族の良正が兄の良兼に与えた書状の中に、「雷電、響きを起こすは、是れ風雨の助けにより、鴻鶴、雲を凌ぐは、只羽翔の用に資《よ》るなり。ねがはくは、合力を被り、将門の乱悪を鎮めん。然らば則ち国内の騒ぎ自ら停まり、上下の動き必ず鎮まらん」とある。兄の助力を求めるというだけの実用的な書状に、雷電云々は大業だが、これは『帝範』の文を借りたのである。『帝範』には「舟航の海を絶《わた》るや必ず橈檝《どうしゅう》の功に仮り、鴻鶴の雲を凌ぐは必ず羽翮《うへん》の用に因る」とある。

承平八年（九三八）平貞盛が上京するのを聞いて、将門が伴類に告げた言葉として「讒人の行は、忠人の己れの上に在ることを憎む。邪悪の心は富貴の我が身に先だつことを嫐《ねた》む。いはゆる蘭花茂らんと欲するも、秋風これを敗り、賢人明らかならんと欲するも、讒人これを隠す」と貞盛の讒言を恐れている。これも『帝範』の「それ讒佞《ざんねい》の徒は国の蟊賊《ぼうぞく》なり。栄華を旦夕に争ひ、勢利を市朝に競ふ。その諂諛《てんゆ》の姿を以て忠賢の己れの上にあることを悪む。その奸邪の志懐きて、富貴のわが先きならざることを怨む。」「故に叢蘭茂らんと欲すれば秋風これを敗り、王者明らかならんと欲すれば、讒人これを蔽ふ」の文章から適宜に必要な文を取り出したものである。将門がこんなむずかしい文句を口にしたとは、万に一つも考えられない。

天慶二年（九三九）将門が常陸・下野・上野の国府を手に入れて、新皇と称して得意となったとき、弟の将平は、天皇の位は人智や人力をもって奪われるべきものではないと諌め、「それ帝王の業は智を以て競ふべきにあらず。力を以て争ふべきにあらず。昔より今に至るまで、天を経し地を緯するの君、業を纂《つ》ぎ基を承《う》くるの王、これ尤も蒼天の与ふる所なり」と言った。これも『帝範』の「これによりてこれを見れば、帝王の業は智を以て競ふべきにあらず。力を以て争ふべきにあらず。」「軒昊より已降周隋に至るまで、天を経し地を緯するの君、業を纂ぎ基を承くるの王、興亡治乱その道煥《あきらか》なり」の文によっている。将平がこんなむずかしい文句を知っているはずはない。すべて作者の文飾であることは明白である。

『将門記』の著者が立派な漢文を作ろうとしてできる限りの文飾を施していることは以上の通りであるが、これは文章だけのことではない。事実の上にも同様な造作を施している。その実例は将門が新皇を称する前後のいきさつである。将門は上野の国府を領して、関東諸国を制圧するが、巫女が現れて八幡大菩薩の使と称し、朕が位を蔭子《おんし》平将門に授けると口走る。菅原道真の霊魂も現れて、大菩薩を迎え奉れと教える。将門は大喜びでみずから新皇と称し、関東諸国の国守に腹心の輩下を任命し、王城を建てる相談もする。王城の地を下総の亭南（岩井市の辺り）に定め、京に倣って山崎の橋、大津などをおき、京の東西の出入口とする。また左右大臣・納言参議・文武百官・六弁八史などをみな任命する。天皇の印である内印、太政官の印である外印《げいん》の寸法・文字も定める。ただどうしても適任者のなかったのは暦日博士であった。

ざっと、こんなことを事実めかして記しているが、まともに歴史を知る者は、これがいかにばかばかしい作り話であるかを見ぬかずにはいない。神託が巫女を通じて下されること、八幡大菩薩はわけても託宣を下すことの多いことは、誰れも知る所であるが、その八幡に、朕が位を授けるという権限のあるかの如き事実は、どうしても腑に落ちない。朕が位というのは、時の帝にしかいう権限はないはずである。八幡大菩薩をかりに応神天皇としても、この場合応神天皇の位は何の意味もない。菅原道真の霊魂がそれを助けるかの如き挙動に出るのはいよいよおかしく、八幡と道真、道真と将門との関係は全く解しがたい。

次に大臣以下文武百官を任命したというが、そんな人材が将門の輩下にいたはずはない。おもな者は関東諸国の国司に任命されているからである。暦日博士というのは、正式には暦博士だけでよく、恐らく日の字は誤って加えられたものと思うが、これに任ずる人は暦学に精しく、毎年の暦を作製する力のある人でなければならぬ。関東にそんな人がいなかったのは当然であり、そういう誰もが疑わないことを挿話としてつけ加えて、他の叙述の信憑性を示そうとした作者の苦肉の言である。それにもかかわらず、百官の任命などのできるはずのなかったことは、前に推測した通りである。

ここは見方によっては、将門が関東に新政府を樹立したという重要な事件であるが、記述のすべてが粉飾に富んだ、まやかしばかりで、事実としての説得力は全くない。物語として面白いというだけである。

このとき、将門は昔摂政忠平に仕えたことがあるという縁故で、忠平あてに丁重な書状を送っている。それには自分の閲歴を述べ、朝命に従って関東の内紛を治めたのに、賞も受けずかえってあらぬ嫌疑をかけられ、ついに諸国を討滅するに至った事実を述べ、少年の日、名簿《みようぶ》を捧げた（家人となった）相国摂政の世に、こうした事態に立ち至ったことは、嘆かわしい限りである。傾国の謀が萌したといっても、どうして旧主の恩を忘れようや、しばらくこの事情を察し賜わらば幸甚であると、最高の敬意を忠平に披瀝している。そこには朝廷を傾けようとか、京に攻め上ろうとかいう口吻は微塵も見えない。これは著者が将門に同情する気持をもっていたからの故かもしれないが、書状による限り将門の大それた謀叛心などはなさそうである。

本書はこれ以外に忠平に送った将門の書状、忠平から遣わした御教書《みきようじよ》（命令の類）などの文書の引用が多いので、著者は忠平家の政所《まんどころ》に関係のあった人ではないかという学説が近頃提出されている。

東国在住の僧侶というよりも、はるかに傾聴すべき作者の比定であろう。

大鏡

『大鏡《おおかがみ》』は面白い本である。物語風歴史として叙述の形式が進歩しているし、叙述内容に人心の機微をつく事件が頻出するし、読み出したら人を飽かせない魅力をもっている。私は若い日、この本を読み、藤原摂関家の歴史上著名な人物のさりげない逸事の数々を知って、平安時代に特別の興味をおぼえたことを忘れない。

『大鏡』という書名は原著者の命名したものではなくて、鎌倉時代の初め頃になって行われだした名称だという。「世継の物語」または「世継の翁の物語」というのが原名らしい。それにしても、本書中に夏山繁樹《なつやまのしげき》の歌として、

あきらけきかがみにあへばすぎにしもいまゆくすゑのこともみえけり

大宅世継《おおやけのよつぎ》の歌として、

すべらぎのあともつぎつぎかくれなくあらたにみゆるふるかがみかも

と、この書を鏡に擬しているから、鏡という名称の生ずる根拠は、書中に十分内包しているのである。歴史を鏡または鑑と見る思想は中国の歴史観であって、六国史の中にもそういう意味の序文が書かれており、『唐鑑』『資治通鑑《しじつがん》』というような、現に鑑を書名とする先例も存するのである。歴史は人生

及び社会の鏡であるという思想は、歴史の実用的価値を強調したものとして、近代の学問的立場からは嫌われるが、昔はそれが歴史の重要な存在理由であった。

『大鏡』のあと、『今鏡』『水鏡』『増鏡』と、同じ形式をおそった物語風歴史が著わされ、神武天皇から後醍醐天皇に至るまでの歴史がまとまって世に残る。これを総称して四鏡というが、文学的・史学的価値からいうと、玉石混淆である。ひとり『大鏡』はその最初にあって、文学的にも史学的にも、ずばぬけてすぐれた位置を保つ。原著者の命名でなくても、これを『大鏡』とよぶのは、きわめてふさわしいと私は考える。

叙述の形式は、万寿二年（一〇二五）五月、京都紫野の雲林院《うりんいん》の菩提講《ぼだいこう》に参会した大宅世継と夏山繁樹という老人が、その見聞した古今の事柄を語り合うのを、若侍《わかざむらい》が聞いて質問をしたり、訂正をしたりするという立体的な座談筆記である。その世継は貞観十八年（八七六）の生まれで、今年は百五十歳の老人である。繁樹は忠平が蔵人少将であったときの小舎人童《ことねりわらわ》で、世継より十歳ほど若い。ちょっと実際にはありそうもない年齢であるが、物語風歴史が事件を著者みずからの見聞によって記すという原則を貫くからには、談話者はこのような長命にならざるを得ない。これははなはだ不自然な人物設定であるが、著者の文章の運び方は二人の老人を適度に働かせて、その老いを感じさせぬ巧みさをもち、若侍がまた欠かせぬ批判の役割を果して、書中の叙述を生彩に富んだものとしている。

取り扱っている時代は、天皇は文徳天皇から後一条天皇の万寿二年五月まで、藤原氏は冬嗣から道長までである。この時代の取り方は藤原道長の栄華を主題とするという趣旨からいって、絶対に動かすことのできぬ範囲である。藤原北家の繁栄は、文徳天皇が仁明天皇の第一皇子として、冬嗣の女順子の腹に生まれたことにその基礎をもち、冬嗣が一族の繁栄を祈ってそうした外戚政治に成功し、爾来子孫がそれを踏襲したことによって完成された。その繁栄の頂点は道長のときである。かれは五人の女子を後宮に納れ、うち三人は后の位に上り、六人の男子も公卿の地位に上ったという、比《たぐ》い稀な栄光の地位にあった。まことに「この世をばわが世とぞ思ふ望月の欠けたることもなしと思へば」は、かれの実感であったに違いない。

しかしこの幸福にも万寿二年の半ば過ぎから暗い影がさす。この年は赤もがさが流行し、道長自身も健康がすぐれず、七月と八月とには最愛の二人の娘が病死した。小一条院の女御寛子、皇太子妃の嬉子である。子に先立たれる不幸ほど人を痛ませるものはない。ここに道長の極盛時代は明らかに終りを告げたといってよい。

この意味でこの書が万寿二年五月を叙述の最下限にしたのは的確な史眼である。『栄花物語』も、道長の栄華を中心に描いた物語風歴史であるが、正篇三十巻の最下限は、万寿五年の道長の死と、のちの営みにまで及んでいる。『大鏡』の思いきりのよさには到底かなわない。

『栄花物語』は書かれたときは『大鏡』より早い。物語風歴史の第一号である。それだけに史体は六国史風の編年体をうけ、すべてを年月の順に従って叙述する。事実もできるだけ詳記するという方針を取っている上に、女房のこまごまとした観察、なまめかしい文章と、道具立てはそろって、あまりにも女性的な書物に仕立てられている。『大鏡』はそれとは対照的に男性的である。事実も捨てるべきものは捨て、批判すべきものは批判する。史体は編年でなく、初めに歴代天皇の紀を掲げ、次に藤原氏諸臣の伝記をのせ、最後にふりかえって藤原氏繁栄の歴史的経過を回顧する。紀伝体としては崩れた形になってはいるが、『栄花物語』の編年体にあきたらず、人々の思惟や行動を明確に読者に伝えようとした点では、りっぱに成功しているといえよう。

男性的だということの一つの現れに、文弱に堕した公卿たちにも一片の気骨《きこつ》はある。そしてそういう人こそ高官を射とめる資格はあったのだと思わせるような叙述が随所に語られているのが印象的である。

摂家の嫡流藤原忠平は、いつの頃かはっきりしないが、宣旨《せんじ》を承って、それを執行するために、公卿達の評定をする陣の座に行こうと、ひとりで紫宸殿の御帳《みちょう》の後を通ったとき、もののけはいがして、太刀のこじりをつかまえたものがある。さぐってみると、毛がむくむくと生え、爪は長くて刀の刃《は》のような手であった。これは鬼かと恐ろしくおぼえたが、臆したさまは見せまいと念じて、「天皇の詔《みことのり》を承って公事《くじ》の評定に参る人を捕ふるとは何者だ。手を放さぬと身の為になるまい」と、鬼の手をつかまえたので、鬼はうろたえて、その手を放して鬼門《きもん》の方に逃げて行ったというのである。いずれ夜のことで、あたりは暗かったことであろうが、紫宸殿内にも鬼が出るなどと思うのは、当時の貴族たちの心の弱さと忠平の気強さとを対照的に見せつけるような話である。

道長にも似たような話がある。花山天皇の時、五月雨《さみだれ》の季節も過ぎたのに、なおはげしく雨の降る夜、天皇も淋しく思ったのであろう。殿上に出て、若い公卿たちと昔の恐ろしい話などしたが、「こんなに人がいてさえ、もの淋しい感じがする。離れた所ではどうであろう。ひとりで行けるか」と尋ねると、人々はとても行けませんと答えた。道長だけは、「どこへでも参りましょう」という。天皇は興《きょう》じて、「それならば道隆は豊楽院《ぶらくいん》、道兼は仁寿殿《にじゅでん》の塗籠《ぬりごめ》、道長は大極殿へ行け」と命じた。道隆・道兼の二人は困ったことだと思っているのに、道長ははりきって「私の従者はつれません。近衛の役人だけ証人として大極殿の門の所まで来い。それより中にはひとりで行く」と大極殿内に入り高御座の南面の柱のもとを削って、その削り屑を持って帰った。道長がほかの兄弟より胆力のあったという挿話は、まんざらでたらめでもないような感じがする。

藤原氏北家の家督がその地位を保つために外戚政策をくり返し、兄弟叔姪が摂関の地位を争った骨肉間の醜い関係は、摂関政治の恥部を示したものであり、人の我執のあさましさをつくづくと感じさせられる。その顕著な一例が兼通・兼家兄弟の争いに見られる。

藤原師輔の三子伊尹《これまさ》・兼通・兼家はいずれも摂政または関白になったが、官位の昇進は兄弟の順に進んだのではない。円融天皇の時、兼通は兼家に越えられて、兼家は中納言右大将であったのに、兼通は参議で宮内卿を兼ねただけである。兼通は先を慮って村上天皇の后で、兼通らの妹に当る安子に

「関白は兄弟の順に従うべし」というお墨付を書いて貰い、後生《ごしよう》大事にお守《まも》りのように首にかけていた。長兄の伊尹が摂政太政大臣で薨ずると、当然後任が問題となる。

兼通は母后のお墨付を円融天皇のお目にかけ、天皇の孝心に乗じて、上首の公卿たちを尻目にし、その年の中に参議から権中納言になり、大納言を経ずに関白となった。まさに異数の昇進であるが、これ全く安子太后から一札を頂いていたかれの深慮の成功といわねばならぬ。

このような無理をして、兼通と兼家と、仲の好かろうはずはない。そして兼通も六年後には病いにかかって、命旦夕に迫った。所へ兼通の邸の方へ兼家の来るけはいがする。さては兄弟だから、最後の見舞に来たのかと、兼通方では支度して待っているのに、兼家はその前を素通りして参内してしまった。

兼通は激怒して、瀕死の身を起こして参内すると、天皇の御前で、兼家が関白のことを奏上している所であった。兼通はそこで関白の職権をもって最後の除目《じもく》を行い、関白には左大臣頼忠（実頼の子、兼通の従兄弟）を据え、兼家は大納言右大将であったのを治部卿に降して、兄弟争いの結着をつけた。

まことに、すさまじい兄弟間の権力争いであるが、兼家の末は栄えて摂関家の本流となったのに、兼通の後はうだつが上らない。そもそも子孫の繁栄は、当時の貴族の最高の喜びとする所であり、よい宿世《すくせ》を負った人がそれをかち得たとされたのである。無理をしてよい結果は得られないということを示した点で、この挿話は今の世にも参考になるといえよう。

今鏡・水鏡

『大鏡』の仮名物語の歴史叙述の様式が評判がよかったせいか、その形をまねた物語風歴史がつぎつぎに現れた。平安時代の末の嘉応二年（一一七〇）には、『今鏡』が書かれ、鎌倉時代に入って『水鏡』が作られた。南北朝時代に入って『増鏡』ができるが、これは少し時代が下るから、ここでは『今鏡』と『水鏡』とを一覧しよう。

『今鏡』の設定した執筆の由来は、『大鏡』にもまして、手がこんでいる。筆者は三月十日あまりの頃、初瀬の観音に詣でた。ついでに大和の寺巡りをすると、道で百五十歳という老婆に出会った。この人は『大鏡』の語り手のひとり大宅世継の孫であり、自分は紫式部に仕えたことがある。「あやめ」とその名を称したので、式部から五月に生まれたのかと問われて、五月五日午《うま》の時舟の中で生まれたと親は申しておりました、と答える。すると、式部は、

ももたびねりたるあかがねななり。いにしへをかがみ、今をかがみるなどいふ事にてあるに、いにしへもあまりなり。今鏡とや云はまし。まだをさ〳〵しげなる程よりも、年も積もらず、見めもさやかなるに、小鏡とや付けまし。

と言われたと老婆は語る。これは老婆の異名についての式部の物語になっているが、趣旨はこの書物

の名を『今鏡』とか、『小鏡』とかとなえるという意を示したものであろう。そして五月五日舟中で生まれたというのは、『白氏文集』の「百錬鏡」という詩中の句から来た故事で、『白氏文集』を愛読したこの時代の知識人の頭をしぼっての構想であろう。

この書物の扱っている時代は、後一条天皇から高倉天皇の嘉応二年（一一七〇）までである。『大鏡』の叙述の終りの万寿二年（一〇二五）から数えて、十三代百四十六年の間を対象とする。さしも栄えた藤原氏の摂関政治にも影がさし、村上源氏が擡頭し、皇室では白河・鳥羽・後白河三上皇の奢りを極めた院政の行われた時代である。天皇の影は薄く、近衛天皇は三歳で即位して在位十四年、十七歳で崩御、二条天皇は十六歳で即位して在位七年、二十三歳で崩御、六条天皇に至っては二歳で即位して在位三年、十三歳で崩御という心細さである。天皇政治という点からいえば、衰微の限りを尽した頃であるが、院政を含めた広義の公家政治はまだその勢いを保っている。とくに院と結びついた新興の武士平家が勃興し、清盛が太政大臣となったのは、仁安二年（一一六七）で、嘉応二年より四年前であった。

この書の著者については諸家の研究があって、藤原長良《ながら》の後裔、正四位下木工権頭《もくのごんのかみ》兼丹波守為忠の子、皇后宮少進為経であるとされる。為忠に為業・頼業・為経の三子があって、位はいずれも五位止まりであったが、和漢の才があり、出家してそれぞれ寂念・寂然・寂超と称したので、世に大原の三寂と号した。

五位あたりで昇進の望みもない下級の貴族は、学問や作歌に生き甲斐を見出し、また仏門に帰依するのが、当時の常道である。為経はそうした中でも、特に文学を好む者と評せられた。この人に『今鏡』の著書のあるのは不思議でないが、取り扱う史実が、宮廷や貴族の間のこまごまとした事件であり、広く天下国家に目を向けるという史眼の広さを欠いていることは、止むを得ないといわねばならぬ。

この書は十巻より成り、初めの三巻を「すべらぎ」の上中下として、天皇・后妃たちの事績を編年順に記し、四・五・六の巻を「藤なみ」の上中下として、藤原氏の事績を記し、第七巻を「村上源氏」として、その頃勢いを得た村上源氏の人々を取り上げ、第八巻を「みこたち」として、後三条天皇の孫花園左大臣有仁を主として、白河・鳥羽・崇徳・後白河・二条諸天皇の皇子たちの伝を記し、第九巻を「昔がたり」、第十巻を「うち聞き」として、古い時代の逸話・伝聞の類を集めている。この構成は『大鏡』の紀伝体にも似ているが、各巻を「雲井」「子の日」「初春」というような雅名をつけた節に分けていることは、『栄花物語』にならったともいえる。

この書の歴代天皇評は、なかなか読みごたえがある。後三条天皇については、

世を治めさせたまふ事、昔かしこき御世にも恥ぢずおはしましき。御身の才はやんごとなき博士どもにもまさらせ給へり。

此の帝世を知らせ給ひて後、世の中みな治まりて、今に至るまで、其のなごりになむ侍る。たけ

き御心におはしましながら、又なさけ多くぞおはしける。石清水の放生会に上卿・宰相・諸衛の佐などたてさせ給ふ事も、この御時より始まり、仏の道もさまざまそれよりぞまことしき道はおこれる事多くはべるなる。

この時代の六国史に準ずる漢文体編年史としては、『百錬抄』があるが、『百錬抄』にはこういう天皇の批評は望むべくもない。物語風歴史に特有の自由な表現である。

白河天皇については、

この帝は御心ばへたけくもやさしくもおはしましけるさまは、後三条院にぞ似奉らせ給へりける。されば、ゆゝしく事々しきさまにぞ好ませ給ひける。

白河院は御弓なども上手にておはしましけるにや、池の鳥を射たりしかば、故院のむづからせ給ひしなど仰せられけるとかや。まだ東宮のわか宮と申しける時より、和歌をも重くせさせ給ひて、位にても後拾遺あつめさせ給ふ。院の後も金葉集えらばせ給へり。

闊達で、文武両道に秀でた天皇の性格をよく描いている。

近衛天皇については、

歌をも幼くおはします程に、すぐれてよませ給ひ、法文のかたも然るべくてやおはしましけむ、心にしめて、経などをも訓《くん》によませ給ひて、それにつけても二十八品《ほん》の御歌などよませ給ふ。おなじ歌と申せども、此の比のうちあるさまにもあらず、むかしの上手などのやうによませ給ひける。

経文は音読が普通であるのに、天皇がことさらに訓で読んだというのは耳よりな話である。十七歳で世を去った天皇だから、少年の間の学問にいそしんだ話である。

天皇や后妃たちについては、このようにおもしろい叙述をするが、政治史的事件にははなはだ冷淡である。この間に起こった保元の乱や平治の乱は、宮廷を震駭させ、歴史を動かした大事件であるにもかかわらず、その叙述は簡を極めている。

五月の末に、故院（鳥羽法皇）の御悩みまさらせ給ひて、七月にうせさせ給ひし程に、世の中にさまざま申す事出できて、物騒しく聞えしほどに、誠にいひ知らぬいくさの事いできて、みかどの御方勝たせ給ひしかば、賞ども行はせ給ひき。其ほどの事、申し尽すべくも侍らぬ上に、みな人知らせ給ひたらん。

世を捨てた歌人貴族にとっては、血なま臭い戦いのことなど、耳も蔽いたいことである。自分が書かなくても、皆さまご存じでしょうと逃げている所に、この書の政治的事件に対する姿勢がよく出ている。

この意味で、巻九の「昔がたり」巻十の「うち聞き」は、古い時代についての逸事を記したものだから、静かな懐古的趣味を本領とするこの書にはぴったりの部分である。その最初に挙げられた物語は、清和天皇の崩御ののち、御息所《みやすんどころ》のひとりが昔賜わった御文《おんふみ》などを色紙にすきかえし、料紙として御経供養をしたということである。これからすき返しの色紙の経は始まったが、このことは橘広相《ひろみ》の日記に書かれていると、根拠を示す。橘広相は学者で阿衡《あこう》の詔を草したことで有名だが、かれに日記があったということは『本朝書籍目録』にも見えず、世にも伝わらない。日記とすれば、個人のそれとしては早い方で、いずれにしても史料として珍しい。ただしこの物語は『三代実録』仁和二年十月二十九日の条、藤原朝臣多美子の伝記に見える。多美子は右大臣藤原良相《よしみ》の女で、清和天皇の女御となり、寵愛を受けたので、天皇崩御の後、平生賜わった御筆の手書を集めて紙に作り、法華経を書写して大斎会を設け、天皇の恩徳に報じたと記す。国史に見えていることであるから確実と見てよく、『今鏡』の方は広相の日記に拠ったとすれば、これも同時代の史料であるから両々相まって確実性を増す。

次に『水鏡』である。これも執筆の由来は、初瀬に詣でて参籠した一人の尼が修行者に逢い、修行者が曽つて葛木山《かつらぎやま》で仙人から聞いた古代の物語を尼に語り聞かせたのを筆記したと、あくまで見聞談の筆記の形をとっている。対象とする時代は神武天皇から仁明天皇までと、『大鏡』の前に位置しようとするのだから、その時代のことを見聞した人は仙人とする外はない。巻尾に『大鏡』には似ないで、詞も賤しく僻事《ひがごと》も多くて見所もなく、文字も落ち散って、見る人々の誇り嘲けることは疑いあるまい。かの紫式部も、当時は『日本紀』の御局《つぼね》などという異名をつけて笑われたというから、今の人々がこの書を何と笑うかおしはかられて恥かしいが、人のために書いたのではない。若い時からこういうことに心を致しているので、自分一人見ようと思って書きつけたに過ぎない。『大鏡』でも凡夫のわざだから、仏の大円鏡智の鏡には及ぶまい。この本も鏡にたとえていえば、『大鏡』ほどでなくても、その形の正しく見えるのは水鏡ぐらいには行くと思って『水鏡』と名づけたとある。

まことにその言う通り、文章も構成も『大鏡』には及ばない。天皇ごとに区切った平凡な編年体の歴史であるが、その基づく所がただ『扶桑略記』だけで、著者の見解もなく、新史料も引いていないのは情けない。以前は両者の関係がそれ程密接だとは思われなかったが、『扶桑略記』の現在伝わる本が、ある部分は全く欠けており、ある部分は抄略本であることに思いを致し、昭和の初め平田俊春氏が『略記』の完存部分と『水鏡』とを丹念に比較して、完全に両者は一致することを明らかにした。この意味で『水鏡』の叙述にはオリジナリティーはないが、『扶桑略記』の欠を補って、珍しい伝聞や事実を示すという効はある。

愚管抄

『愚管抄《ぐかんしょう》』はむずかしい書物である。日本で著わされた最初の歴史哲学の本だといわれて、若い頃は近づきがたい感をもったものである。それには文章が読みにくくて、論理の筋がつかめないという事実があったことも否めない。しかし、歳をとってくると、案外そんな恐ろしいものではない。著者は学識も高く、皇室・国家を思う念も強い人であるが、一面已れの出身した九条家の発展、貴族階級の擁護に、あくどいまでの執念をもやして、自己本位の歴史観を述べたに過ぎないという真相がわかってくる。極言すれば、斎部氏が『古語拾遺』を著わしたのと、さほど相違はないといってもいいような気がするのである。

著者は人の知るごとく、藤原氏の嫡流法性寺関白忠通の子、慈円であり、九条兼実の弟に当る。貴族として最高の地位に生まれたが、早くから出家して、学は顕密を極め、教界最高の地位天台座主に補すること四度という記録をもった人である。兄兼実が源頼朝と提携して天下の政治を左右したように、かれは兼実の庇護を得て教界を領導した。九条家の政治的浮沈に応じて、その地位に変動はあったとはいえ、概して順調な生涯を送った人であり、法衣をまとった宮廷貴族といってよい。

『愚管抄』はいつ書かれたか。直接この書について見れば、巻二皇帝年代記を順徳天皇まで書いて、承久二年十月ノ比《ころ》、之ヲ記シ了ンヌ。後見ノ人此趣ニテ書続クベキナリ。最略尤モ大切カ。別記ニオイテハ外ニ見スル能ハズ。

と、奥書風の記載があるので、承久二年（一二二〇）十月で、一応年代記を書き終えたことがわかる。ところが、今の本はこのあとに、今上として仲恭・後堀河の二天皇を書き続け、跋文風に、

此皇代年代ノ外ニ、神武ヨリ去々年ニ至ルマデ、世ノ移リ行ク道理ノ一通リヲ書ケリ。是ヲ能々心得テミン人ハミラルベキナリ。

とある。これによると、年代記は仲恭天皇と後堀河天皇と二回に分けて書き足しているが、跋文に去々年とあるのは、承久二年と注しているので、年代記の外の本文も承久二年に書いたと見てよい。このことは『愚管抄』が承久の乱勃発前に書き終えたものであり、乱後の執筆でないことを示すものである。

『愚管抄』の本文を見ると、それの誤りでないことが察せられるが、慈円の消息類を見ても、乱前と乱後とではいちじるしい思想の変化がある。承久二年かれが西園寺公経に与えた消息、承久三年五月十八日、日吉社に上《たてまつ》った告文によると、かれは天照大神・春日大明神・八幡大菩薩の約諾が現実化したことを強く信じている。承久元年鎌倉で将軍実朝が急死した跡に、九条道家の子頼経（兼実の孫）が二歳の幼児で将軍に迎えられた事実をもって、右の神意の実現であると、かれは心から喜んだのである。従って頼経の将軍就任を決く思わず、幕府を打ち滅ぼそうとする計画を廻らしている後鳥羽上

皇は、神意に違うものであるから、必ず失敗すると判断したのである。

乱後の消息や願文も数通ある。乱の直後は、道家に代って摂政となった近衛家実を呪詛するような、正常の精神状態ではないと思われるものがあるが、貞応元年（一二二二）十二月の大懺法院《たいせんぼういん》再興願文には心の平静を取りもどし、行法《ぎょうほう》を励むことによって怨霊を和らげ、国家再興の道を見出そうとする決意が見える。そして年と共に行法に対する自信を深めて行くようであるが、それは乱前の神託に対する絶対の信仰に対して、いちじるしい対照を示すのである。

つぎに『愚管抄』著作の動機は何であったか。これについても、慈円の願文が参考になる。その願文は京都曼殊院《まんしゆいん》の旧蔵で、今は東京国立博物館所蔵の山王啓白《けいびやく》一巻である。赤松俊秀氏はこの願文の年紀を貞応元年作と推定した。これによると、かれは建保四年（一二一六）何等かの霊告を得たが、それはかれにとっては喜悦限りないものであったようである。「霊告を得てより以来、吾が願ひ冥感と符合するの喜悦」といっている。それによって長年の思索に耽ったらしいことが、その願文の続きに、「而《しか》るに今空しく七箇年の居諸（歳月）を送り、徒らに始中終の思慮に疲る」とあることから察せられる。さらに願文は、

そもそも去々年重ねて告げを得、去年已に以て成就す。五六月大事あり、七月則ち亦依違す。是非に迷ふと雖も、深念の趣あり。重ねて冥慮を顧み、浅智の悟りを発す。

という。建保四年から七ヵ年というと、承久を経て貞応元年までであり、その間に思慮に疲れたとい

うのは、具体的には『愚管抄』に書かれたような世上の推移についての思いであったろうと思われる。去々年とは承久二年であるが、その時得た再度の霊告は、去年承久三年に実現したが、五月・六月に大事があり、七月に齟齬《そご》したのである。

疑いもなく霊告に成就したとあるのは、仲恭天皇（母は九条良経の女）の即位（承久三年四月）、道家の任摂政（仲恭天皇即位と同時）を指し、五月・六月の大事は承久の乱であり、齟齬したのは仲恭天皇の遜位、道家の摂政解任である。この願文には建保四年の霊告の内容は書いていないが、承久二年のそれと大体似たようなもので、九条家の俗的勢力の伸展を示唆したものに相違ない。『愚管抄』の本文を見ると、頼経の任将軍、道家の任摂政、仲恭天皇の即位といった一連の九条家一門の繁栄を謳歌し、その歴史的な正当性を述べることに、多大の筆を費しているのであるから、以上の願文の趣旨を照合して考えれば、きわめて世俗的な名利の観念にからまった霊告を直接の動機として、『愚管抄』の著作が始められたであろうという推測は、説得性をもつように思う。幼時から浮沈定めない世の激変を経験し、失われ行く貴族の権威をいかにして保つかに苦心焦慮した揚句、支配層として皇室・摂関・武家三者の協力によって難局をのりきることを最上の方法と考え、これを推進しようとした経世家慈円のやむにやまれぬ心情の吐露こそが、『愚管抄』であったともいえると思う。

この書は七巻の書物として伝わる。第一・第二の巻は年代記であり、第三巻から第六巻までは、時代を追って史実に対する評論を下し、第七巻は全歴史を大観し、未来の事にも及んだ意見の部分である。単に史実を羅列するだけでなく、その事件の意義を考え、意見を述べるということは、従来の史書のしなかったことであり、これが日本での最初の歴史理論の書といわれるゆえんである。

その史実を解釈する前段階として、かれはいかようにしてその史実を認定したかという問題も考えておく要がある。その点、かれは比較的に史料を重んじ、慎重に史実を定めているといってよい。

たとえば、清和天皇の条、藤原良房を摂政としたことは、その年時について、『三代実録』は貞観八年（八六六）八月十九日とするが、『公卿補任』や『大鏡裏書』は天安二年（八五八）十一月、清和天皇の即位の時であったとする。本書は、そのことを、

母后ノテ、（父）ニテ、忠仁公良房ヲハジメテ摂政ニヲカレケリ。（中略）ソレモハジメハタヾ内覧ノ臣ニヲカレテ、マコトシク摂政ノ詔クダサル、事ハ、七年ヲヘテノチ貞観八年八月十九日ニテアリケルトソ日記ニハ侍ナル。

とある。内覧というのは後世の称であるから、これを良房に用いたのは、厳密にいえば誤りであるが、後世の内覧に相当するような地位に良房があったと考えることは首肯できる。しかも八年の任摂政は日記にあると述べていることは、史実の認定に問題のある所は、史料を引いて根拠を明らかにするという態度を示したものであって、注目される。

また醍醐天皇の条には「時平ノ讒言トイフ事ハ一定也。浄蔵法師伝ニ見エタリ」と史料の名を挙げる。保元の乱の描写は大へん詳しいが、「コノ十一日ノイクサハ五位蔵人ニテマサヨリ（雅頼）ノ中

納言蔵人ノ治部大輔トテ候シガ奉行シテカケリシ日記ヲ思カケズ見侍シ也」と信頼できる史料を用いている。このほかかれが実際に身を以て見聞することのできた事実の記述については、当時の外の記録に劣らぬ史料的価値をもつ。しかも叙述の仕方は、物語風歴史の体にならって、具体的に人々の行動を目の前に見るように記す方法をとっているので、漢文の公式の記録の描写し得ない所を描写している。

かれの歴史解釈の立場は、先に述べたように、承久初年の政治の現実を肯定し、それが歴史の必然の結果とするものだから、過去の歴史事実についてもつとめて肯定的な理由を考える。たとえば蘇我馬子の崇峻天皇弑逆について、

日本国ニハ当時国王ヲコロシマイラセタル事ハオホカタナシ、又アルマジトヒシトサダメタルクニナリ。

といいながら、

コノコトヲフカク案ズルニ、タヾセンハ仏法ニテ王法ヲバマモランズルゾ。仏法ナクテハ、仏法ノワタリヌルウヘニハ、王法ハエアルマジキゾトイフコトハリヲアラハサンレウト、又物ノ道理ニハ一定軽重ノアルヲ、オモキニツキテカロキヲスツルゾト、云コトハリト、コノ二ヲヒシトアラハサレタルニテ侍ナリ。

と、仏法を優位においての王法仏法提携説で、蘇我馬子と聖徳太子の行為を正当とする。太子と馬子

を同心と見たのは正しくないが、仏法護持の象徴として二人を挙げ、その馬子を除こうとした天皇は、重い仏教より軽いと判定したのである。

先にこの国には国王を殺しまいらせたことはないといいながら、こんなことをいうのも矛盾であるが、こういう矛盾はかれは意としないのである。そして讖緯説《しんいせつ》・末法説・三神的諸説・君臣魚水合体説など、あらゆる知識を駆使して歴史事実を肯定する理を見出す。かれは道理という言葉をしきりに使うが、その道理は時に応じていかようにも内容をかえ得る程のものであり、これに重きをおくことはできない。『大鏡』にも道理という言葉はしばしば現れるから、平安時代末から鎌倉時代にかけての流行語であったと思われる。

平家物語

祇園精舎《ぎおんしょうじゃ》の鐘の声、諸行無常の響あり。娑羅双樹《さらそうじゅ》の花の色、盛者必衰のことはりをあらはす。おごれる人も久しからず、只春の夜の夢のごとし。たけき者も遂にはほろびぬ。偏《ひとえ》に風の前の塵に同じ。

『平家物語』の巻頭のこの文章ほど、私どもの心をうつものはない。祇園精舎や娑羅双樹の詮索はどうでもよい。諸行無常、盛者必衰のこの八文字こそ、冷厳な人の世の定めであり、歴史の掟《おきて》である。『平家物語』は平家の興亡に託して、この定めを示そうとするのであるが、今日の私どももこれを他人事《ひとごと》とは思わず、ひしひしとわが身に感ずるのである。

『平家物語』を学問的に取り扱おうとするならば、この本に多数の異本が存在するという事実から出発しなければならぬ。異本の研究に先鞭をつけたのは、山田孝雄《よしお》博士であって、博士は明治四十四年（一九一一）公刊した『平家物語考』で、諸本を分類して三門、十七類、三十種としたが、この学はその後の諸氏の研究によって多くなるばかりである。

『徒然草』に、後鳥羽院のとき信濃前司行長《しなののぜんじゆきなが》が学問を捨てて遁世したのを、慈円が叡山で面倒を見てやった。行長は『平家物語』を作って生仏《しょうぶつ》という盲者に教えて語らせたという文がある。このように初めから『平家物語』は「語り」と関係の深いものであり、むしろ行長はすでに先行盲僧が取り上げていた源平興亡に関する様々な「語り」を素材として、新しい構想のもとにこの書を作ったのではあるまいかという想像も行われる。なお、この「語り」は琵琶を伴って演ぜられたから、広く大衆の間に受け入れられ、その間に次第に詞章もふえて行った。

最初の六巻本は十三世紀初めにできたといわれるが、それから二、三十年の間に十二巻にふくれ、これが流布本となる。後にこれを増補した二十巻の長門《ながと》本、四十八巻の『源平盛衰記』などにまで発展する。これは『平家物語』が国民と共に歩み、広く国民の共感を得たしるしであって、文学のジャンルからいえば、軍記物語であるが、それを超えて国民文学ともいうべき域に達したものとみてよかろう。

そのような文学を史書と見てよいかどうか。私はすでに軍記物語の濫觴《らんしょう》である『将門記』を史書として取り上げた。無味乾燥な史書の中で、潤いを与えるものは物語であり、とくに戦乱の時代の記録として、軍記物語のもつ歴史性は高く評価しなければならぬと考える。もちろん物語のことであるから、事を大げさに言い、話を面白く聞かせようという潤色のあることは注意しなければならぬ。けれど、そこに現れた時代の精神、人間の心理は何よりもよくこれらの物語が語ってくれる。中世の歴史に魅力を覚えさせるきっかけとなるものは、恐らくは軍記物語であろう。

けれども、本格的な史学者がみると、『平家物語』の事実の誤謬、虚構の説話を見逭すことはできない。星野恒《ひさし》博士の「平家物語考」「平家物語源平盛衰記ハ誤謬多シ」は、そうした論考の代表的なものである。博士によると、この書の作者は、清盛は残暴、重盛は仁孝、源氏は勇健、平氏は懦弱というように仮定し、事実のこれに合うものは力を極めて敷衍《ふえん》し、これに合わないものは删《けず》り落とし、あるいは反対の事実を捏造する。

その一、二の例をいえば、路上、平資盛《すけもり》が恥辱にあったのを憤り、武士に命じて摂政基房を要し、前駈の髻《もとどり》を切ったのは、『玉葉』や『愚管抄』には重盛の所為であるとする。ところが、この書は清盛のこととし、重盛は切諫したが聴かれなかったとある。また福原遷都の際、法皇は参議教盛の宅にわたらせられたことが、『玉葉』に見える。本書に三間《さんげん》の板屋に押しこめ奉ったとあるが、これは実録諸書に見えない。源氏追討のために東下した平維盛の軍が富士川に陣したとき、斎藤別当実盛が関東武士の武勇を語り、平家の軍勢をおびえさせたという話は、本書中の名高い話柄であるが、実盛はこの時平氏の軍にはいない。かれはこの戦いが終って後二ヵ月たって平家に属したことが、『吾妻鏡』に明記してあるから、実盛の源平将士強弱の評は断じて虚構である。

頼朝が伊豆で兵を起こしたのは、文覚《もんがく》上人の勧誘によるというのも本書である。文覚は伊豆に流され、頼朝の配所と近い。そこで頼朝を訪ねて父義朝の髑髏《どくろ》を示し、今や平家の運命は末になったから、ここで御辺《ごへん》が決起すれば、平家を滅ぼすことは容易である。そのためには院宣を乞うて来ると、僅か八日で福原まで往復し、院宣を賜わって来たというのである。しかし頼朝は以仁王《もちひと》の令旨《りょうじ》を受けて兵を起こしたのが真実であり、髑髏のことは文治元年（一一八五）八月三十日平家が滅んで後、初めて頼朝はこれを見たことが『吾妻鏡』にある。前後のことを寄せ集めて、頼朝決起の物語を面白く作ったことは明らかである。

このような欠点は山程あるが、それでも平氏興亡の数奇な歴史は、幾多の挿話を中にはさんで、これほどリアルにわれわれの心に迫るものはない。盛者必衰、会者定離《えしゃじょうり》のおきては、平家一門の興亡がもっともよくこれを象徴するが、名もない庶民の身の上にもそれは現れる。その庶民の運命の中でも、涙をさそうものは、祇王《ぎおう》・祇女の物語である。

祇王・祇女は白拍子の上手《じょうず》で姉妹である。清盛は祇王を愛すること一方ならず、妹にも母にも家を作ってやり、毎月米百石、銭百貫を送るという優遇である。京中の白拍子は祇王を羨み、これは祇という名の故かと、祇一・祇二・祇福・祇徳など、と名をつける騒ぎである。三年たって、加賀国から仏《ほとけ》と名づける年十六の白拍子の上手が都に現われた。かの女は臆面もなく西八条の清盛の邸に推参して芸を披露しようとする。清盛は、祇王がいる所へは神でも仏でも来る要はない。早く帰れと追い払うのを、祇王はあわれに思って清盛に頼み、せめて対面だけでもせられれば、お情けでしょうと取りなす。清盛は祇王にほだされて、仏を召すと、仏は、

君をはじめて見るをりは　千代も経ぬべしひめ小松

おまへの池なる亀岡に　鶴こそむれゐてあそぶめれ

と、三べん今様を歌う。つづいて舞をまわせると、これまた思いも及ばぬ程のあでやかさである。清盛は仏にうつつをぬかし、祇王を追い出す。祇王は障子に、

もえ出るも枯るゝも同じ野辺の草いづれか秋にあはではつべき

の一首を書きつけて家に帰る。こうして三年で、清盛のうつり気は完全に祇王から仏にかわり、祇王一家は悲嘆にくれる。

あくる年、清盛は祇王のもとへ使をやり、仏御前を慰めに、一度邸に参れと促す。参邸をしぶる祇王は母になだめられて、母妹と一しょに清盛の前に出るが、昔に変る待遇に、祇王の心は痛む。今様を歌えとの命に、

仏も昔は凡夫なり　我等もつひには仏なり
いづれも仏性具せる身を　へだつるのみこそかなしけれ

と、泣く泣く二へん歌ったので、その座になみいる公卿・殿上人・諸大夫・侍に至るまで涙にむせんだ。

祇王は帰って、恥辱を受けた悲しみに身を投げようとするが、母にいましめられ、せめて都の外に出ようというので、嵯峨の里に柴の庵を結んで尼になり、念仏三昧に耽る。時に二十一歳である。妹の祇女も十九で尼になり、母も四十五で尼になる。親子三人念仏生活に明け暮れている所に、突然尼

となって現れたのは仏である。かの女も娑婆の世界は夢のゆめ、楽しみ栄えて何とする。諸共《もろとも》に念仏して一つ蓮の身となろうと、これまでのとがを詫びる。こうして四人の尼は遅速の差異はあれ、いずれも往生の素懐を遂げたというのである。

このような物語に象徴される史観は、上古を盛んな世とし、今を衰えた世とする末法史観である。これを人々は王法の滅尽という言葉で表現した。平家が一門の官位の昇進を心のままにふるまうのを、法皇が嘆じた言葉の最後に「これも世末になって王法の尽《つき》ぬる故なり」とあり、善光寺の炎上を記して「王法尽んとては仏法先づ亡ずといへり。（中略）さしも止事《やんごと》なかりつる霊山の多く滅失《ほろびうせ》ぬるは、王法の末に成ぬる先表《せんぴょう》やらんとぞ申ける」とあるのは、その例である。

さて王法は尽きて興ることはないのであろうか。個人は弥陀の引接《いんじょう》を蒙り、往生の素懐を遂げることによって救済される。国家はどうして救済されるか。物語は明快な答えを記していないが、ただそれを示唆するような挿話が一つ記されている。

それはある青侍《あおざむらい》の見た夢に、大内《おおうち》の神祇官の評定で、公卿達が列座しているが、それはそれぞれの神が姿をかえたものである。そのうち平家の味方をするとおぼしき末座に控えた人が追い立てられる。あれはいかなる上﨟かと尋ねると、老翁が「厳島の大明神よ」と答える。その後座上《のち》にいたけだかい宿老が、「日頃平家の預った節刀をば、伊豆の流人頼朝に賜わろう」という。その側にいた宿老が、「その後はわが孫にも賜わりたい」という。

この夢は、平家が朝家の守りの資格を失った後は、源頼朝がこれを受けつぎ、源氏の絶えたあとは藤原氏から将軍が出たという後世の事実を、それぞれ八幡大菩薩・春日大明神の議定の言葉に託して記したものである。

この夢物語は『愚管抄』でも言われたように、源氏・藤原氏の将軍と相ついで王法は保たれると信じられたことを示す。そして一面からいえば、武士の活動の意義を評価したものでもある。『平家物語』が武士の言動を詳しく記し、その武勇を説くことはもとより、思慮の周密、神仏の信仰、文事の嗜みなどを以て、武士の必須の心がけとする記事を随所に掲げているのは、武士の人間的な完成への期待の大きいことを示す。これは滅びんとする王法護持の担い手としての武士の地位を認める考えに通ずる。ひとしく哀亡の過程にあって、個人は仏道によって救いを得、国家は武家の力によって滅亡を免れるというのが、この書の基調にある思想であろう。

『平家物語』が実録として信用し難いということについての星野恒博士の考証は、前に紹介したが、同様に確実な記録を参照して、この書の記事に疑いを抱いた人は、すでに江戸時代の公家衆の中にあったということをここに付け加えたい。江戸時代の公家は無気力で、無為に世を過ごした人が多かったといわれる中で、文化の上では目ざましい業績を残した人が何人かいる。『大内裏図考証』を著わした裏松固禅《こぜん》、『続史愚抄』を編修した柳原紀光など、その著書は今日の学界でも十分に役に立つ。『平家物語考証』を著わして、物語の虚実の判定について多くの卓見を示した野宮定基、その養子定俊の功績もまた没することができない。

野宮定基は内大臣中院通茂の次子で、延宝五年（一六七七）野宮氏を継ぎ、宝永元年（一七〇四）参議に昇り、正徳元年（一七一一）権中納言に進んで薨じた。年四十三。定俊は権大納言正親町《おおぎまち》公通の次子で、定基の後を承《う》け、享保四年（一七一九）左中将に任じ、元文二年（一七三七）参議に転じた。寛保三年（一七四三）権中納言、宝暦三年（一七五三）権大納言に進み、同七年（一七五七）五十六で薨じた。

定基は典故に通じ『車服制度手記』『即位灌頂由来私考』などの著がある。定俊も養父の学を継ぎ令名があった。『平家物語考証』は、定基が漢文で大綱を書き、記録などを引いた後に、「補」として定俊が仮名交りで、足りない所を加えたものである。その定俊の官職に羽林中郎将（近衛中将）とあるので、この書を著わしたのは享保中であろうと、星野博士は推定している。さてその『考証』の内容の一端を示そう。

巻四競（きをほ）は源頼政が以仁王を戴いて平家討伐の実行に移ったが、なぜかれがさような大事に踏みきったかの由来を述べて、平宗盛が頼政の嫡子仲綱に恥辱を与えたという物語を記す。仲綱の秘蔵した名馬を宗盛が所望し、仲綱の拒むのを無理やりに取り上げる。そして宗盛は仲綱の態度が憎かったというので、仲綱という焼印を馬におし、人が来て馬を見たいといえば、「その仲綱めに鞍おいて引き出せ。仲綱め乗れ。仲綱め打て、なぐれ」などといってからかう。仲綱は身に代えて思うほどの馬を取られた上に、天下の笑われ種になることこそ安からねと憤るのを、父頼政はどうして平家の人どもはさようにわれわれを辱めるのか、命生きても何かせんと、以仁王に挙兵を勧めたというのである。こうして十六日夜（治承四年五月）源三位入道頼政、嫡子伊豆守仲綱、次男源大夫判官兼綱、六条蔵人仲家、その子蔵人太郎仲光以下、都合その勢三百余騎、館に火をかけ焼き上げて、三井寺に遷ったという。『考証』はこの一段を批評していう。

此の一段旧記全く所見なし。未だその実否を知らず。但し頼政園城寺に奔るは実となす。而して十六日の事となすは非なり。

定俊の追補には、

頼政ガ三井寺ニ奔ルコト物語十六日ニ作ル。盛衰記廿日ニ作ル。東鑑十九日ニ作ル。或秘記（玉葉）、山槐記廿二日トス。百錬抄コレニ同ジ。廿二日ヲ以テ是トスベシ。

この『考証』の説は妥当である。いかに名馬とはいえ、一頭の馬のために宗盛に恥辱を与えられたという程のことで、頼政が決起するのは大人気ないが、それを一概に否定もせず、旧記に全く所見がないから実否を知らずと記した態度は慎重である。頼政が園城寺に奔った日付の点は『考証』にいう通りであって、『平家物語』の誤りである。

頼政は戦いに敗れて平等院で自決するが、物語はその状態を記すこと悲壮である。

西に向ひ、高声に十念をとなへ、最後の詞ぞあはれなる。

埋木《うもれぎ》の花さくこともなかりしに身（実）のなるはてぞかなしかりける

これを最後の詞にて太刀のさきを腹につきたて、うつぶさまにつらぬかつてぞうせられける。

定俊の追補では容赦もなく、これを批判する。

頼政ハ昇殿ヲ免サレ雲上ノ交ヲナス。埋木ト云ニハアラズ。又三品ヲ賜テ月卿ニ列ス。英華開カズト云ベカラズ。上ノ句ノ詞甚ダ謂レナシ。下ノ句ニハ死シテ所ヲ得ザル、哀ムベシトス。此ノ詞実ニ適当セリ。頼政ガ自裁セシ旧蹤ナリトシテ、今平等院ノ仏堂下ニ小叢アリ。俗ニ扇ノ芝ト云。然レドモ秘記、山槐記トモニ殿上廊自殺ノ者アルコトヲ記セリ。或ハ後代謬伝ナルモノカ。

何と寤《さ》めきった言葉であろう。三位になって花咲くこともないというのは贅沢だと見たのである。扇の芝は私も少年時代平等院を訪れて、ここが頼政自刃の所かと感慨深く眺めたことをありありと思い起こす。定俊によれば、そういう感傷は誤った事実にもとづくということになる。

同じ巻の「鵼《ぬえ》」と題する章では、頼政の経歴を述べて、和歌の嗜みの深かったことを記す。頼政は保元、平治の合戦に功を立てたが、恩賞にもあずからず、昇殿も許されなかった。年たけてのち、

人知れず大内山のやまもりは木《こ》がくれてのみ月をみるかな

という述懐の歌をよみ、ようやく昇殿を許された。位は正四位下であったので、三位を望み、

のぼるべきたよりなき身は木のもとにしゐ（四位、椎）をひろひて世をわたるかな

の歌をよんで三位に昇ったという。

『考証』はこれを評して、

按ずるに此の段頼政和歌を以て昇殿を聴《ゆる》さるといふは、考ふる所なし。その三位に叙するも亦清盛の薦めに依る。和歌によって進むにあらず。

折角の和歌の功徳も『考証』にあっては台なしである。物語が話を面白くしようとしている所は苦もなくぶちこわされる。

近衛天皇の仁平年間、夜な夜な主上がおびえられる事件が起こった。先例によって武士に警固させよというので、頼政を召した。頼政は御殿の上に襲いかかった怪物を一矢で射落とした。見れば、頭は猿、体は狸、尾は蛇、手足は虎の姿であり、鳴く声は鵼に似ていた。これによって師子王という御剣を主上より賜わった。

また二条天皇の応保の頃には化鳥《けちよう》の鵼が禁中に鳴いて、しばしば宸襟を悩ました。先例によって頼政が召された。五月の夜の闇で、鳥の形は見えわかぬ。頼政は大鏑《かぶら》を取ってつがい、内裏の上に射上げた。鏑の音に驚いた鵼は、虚空に声を放つ。頼政はこれを目がけてこの矢を放って鵼を射落とした。禁中ざざめき、天皇の御感斜ならず、御衣を授けられた。大炊御門右大臣公能は、「昔の養由は雲の外の雁を射き。今の頼政は雨のうちに鵼を射たり」と称讃した。

この話も『考証』によると、「仁平の妖鳥、応保の鵼みな虚談なり」と一蹴される。子供の頃猿虎蛇などといってロマンをふくらませた物語が、いとも簡単に虚談なりとあしらわれるのは、その通りではあるが、ちょっと淋しい。

『考証』は大体こうした冷静な判断と的確な批判にみちみちた書物である。『平家物語』の面白さに陶酔している人々の多い中に、このような痞めきった知識人が江戸時代に存在していたということは、それだけで胸のすく思いがする。

吾妻鏡

『吾妻鏡』は、私にはなつかしい書物である。東大の国史学科に入った早々、先輩の三年生から、その頃出版されたばかりの、国書刊行会の吉川本《きつかわ》『吾妻鏡』を買えと勧められて、吉川本がどういう本であるかも何も知らぬままに、手に入れた。あとで、平泉澄《きよし》講師の中世史演習で、この『吾妻鏡』がテキストに使われたので、この本とは始終顔を合わせた。そして、「武衛《ぶえい》（頼朝）何何せしめ給ふ」というような『吾妻鏡』独特の文章に惹きつけられて、これを読むと、鎌倉武士の活躍が脳裏に鮮かに浮かびあがったものである。

書名の鏡は『大鏡』以来の鑑戒としての歴史の意味であるが、史書としての体裁は『大鏡』などとは、全く違う。内容は鎌倉の将軍（源氏三代と藤原氏二代と宗尊親王の六代）の実録であるから、武家の言動がほとんどすべてを占める。

文章は和風の漢文体で、公家の書いた日記の文体の系統に連なるものである。年月日を追って事件を克明に記しているので、古くは幕府の日記であると考えられていた。従って鎌倉時代の一等史料であると珍重されたが、学者の研究の結果は、後世になって編纂された史書であるということに一致して、今はこれを日記であると考える人はいない。編纂書とすれば、その時期はいつか。

この書について深い研究を試みた八代国治博士の説によると、同じ将軍の実録といっても、源氏三代と頼経・頼嗣・宗尊親王の三代の記事とには大きな相違がある。前三代は政治・軍事・武士道等に関する事実が多いのに、後の三代は儀式に関する記事や天変・地異・祭祀・祈禱についての記事が多い。前三代の記は、頼朝将軍記の首書、後鳥羽院の条に、

延応元年二月廿二日崩御、六十、五月廿九日顕徳院と追号す。仁治三年七月八日、顕徳院を改めて後鳥羽院となす。

とあるから、仁治三年（一二四二）七月以後の編纂である。

また元久二年六月二十二日の政村誕生の条に、

今日未刻《ひつじのこく》、相州（義時）室、伊賀守朝光女、男子平産す。左京兆是なり。

とある。左京兆は左京大夫の唐名であるから、政村が左京大夫の時の編纂である。かれが左京大夫であったのは、文永二年（一二六五）三月二十八日から、同十年（一二七三）五月十八日の間であるから、この間の編纂であることが推し測られる。

後三代記の編纂は、頼嗣将軍記の首書によると、後深草天皇を院とし、正応三年（一二九〇）二月十一日の御落飾を最後とし、宗尊親王記の首書にも、後深草天皇は同様に記し、亀山天皇も院とし、正応二年（一二九八）九月七日の御落飾を最後とする。これから編纂年代の上限は正応三年と考えられるが、下限は後深草天皇の嘉元二年（一三〇四）の崩御、亀山天皇の嘉元三年（一三〇五）の崩御

によって上《たてまつ》られた院号を記していないから、嘉元二年以前と推測せられる。恐らく、前三代記の編纂が文永十年で途絶えたのは、文永十一年から起こった蒙古襲来のための幕府の軍務の多忙のためであり、後三代記の編纂が正応三年頃に始まったのは、戦後経営がほぼ終了したからであろう。

編纂年代のことは、なお考究すべき点もあろうが、これに用いた材料は何であったか。幕府の政所や問注所にあった記録・文書を用いたであろうことは当然である。なぜならば、この書は個人が私に編纂したようなものではなく、明らかに幕府の立場で、複数の幕府の役人が、幕府政治の正当性を主張し、とくに北条氏の行為を是認するような精神で書かれているものだからである。ただし、それらのほかに、公家の日記として『玉葉』（藤原兼実）や『明月記』（藤原定家）、諸社寺の古文書から『源平盛衰記』のような物語まで用いている。

『源平盛衰記』を材料にするとは、編者の良識が疑われる感がする。けれども治承四年四月二十七日の条に見える以仁王《もちひと》の平家追討の令旨《りようじ》は、内容・体裁からいって明らかに偽文書《ぎもんじよ》と認められる。それが『源平盛衰記』所載のものと一致するのを見ると、『源平盛衰記』に拠ったとする説を認めないわけにはゆかない。恐らく幕府草創の古い時代のことは、幕府にも大した材料はなかったので、広く諸書にゆかりのある記事を探して、編年の体裁を整えたのであろう。

このために『吾妻鏡』には誤謬が少なくない。たとえば編年の誤りとして、平家追討祈禱のために源行家が大神宮に告文を捧げたことは、養和元年（一一八一）に載せるべきを、寿永元年（一一八二）

に載せたようなこと、一の谷の戦で源氏に捕えられた平重衡が、京都に召しよせられ、剣璽の返還について推問せられた時を、元暦元年（一一八四）二月十四日にかけるが、『玉葉』によれば、二月十日であるべきことなどが挙げられる。

記事の矛盾としては、文治二年（一一八六）三月九日、五十九歳で卒去と記された武田太郎信義が、建久五年（一一九四）の三島社神事の小笠懸の射手の第一に、武田太郎信義とその名をあらわしているようなこと、『源平盛衰記』所収以外にも偽文書を多くのせていることなど、八代博士の指摘されたものだけでも、その数はおびただしい。

このような欠点があるにもかかわらず、鎌倉幕府の創立からその最盛の時代までの、幕府政治の動向、朝廷との関係、武士の動き、社寺の状態などを編年的に示すものは、本書を措いてほかにない。とくに朝幕間の調節をいかにすべきか、武家のあるべき姿は何であるかといった問題については、後世の武家にとってはこよない指針の書となった。

徳川家康がこの書を好み、日夕手をはなさず愛読したということは、林羅山・承兌《しょうたい》など家康側近の人の証言している所であり、しかも慶長十年（一六〇五）活字版としてこれを印行させたのを見ても、家康がいかにこの書に傾倒したかが察せられる。かれは武士道の亀鑑として武士がこれを実践することを望み、みずからは陽《おもて》に皇室を尊び、陰《うら》にこれを拘束した頼朝の故智を朝廷対策の参考としたのであろう。

頼朝が武家の棟梁たるにふさわしい資質を備えた人であったという事実は随所に記されていて、興味をそそられる。今その一、二の例を挙げよう。

治承四年以仁王の令旨を奉じて、かれは伊豆に兵を挙げるが、石橋山の戦いに敗れて、真名鶴《まなづる》崎から小舟に乗って安房に遁れ、上総介《かずさのすけ》広常の所に頼ろうとする。しかし途中に邪魔が入ってたやすく広常の許《もと》に行けない。招いても広常は出て来ない。頼朝が下総国府に着いた所で、広常は上総国周東《すとう》・周西《すさい》・伊南・伊北・庁南・庁北の軍二万余騎をひきいて、隅田河辺に参上した。これからは『吾妻鏡』の本文を引く方がよかろう。

武衛頗る彼の遅参を瞋《いか》り、敢て以て許容の気なし。広常潜《ひそ》かに思へらく、当時の如きは、率土《そっと》みな平相国禅閤《ぜんこう》（清盛）の管領に非ざるはなし。ここに武衛は流人《るにん》たり。輙《たやす》く義兵を挙げらるゝの間、その形勢、高峻の相なくんば、直ちにこれを討ち取り、平家に献ずべしてへり。よりて内に二図の存念を挿むと雖も、外に帰伏の儀を備へて参ず。然ればこの数万の合力を得ば、感悦せらるべきかの由思ひ儲くるの処、遅参を咎めらるゝの気色あり。殆んど人主の体に叶ふ。之により忽ち害心を変じ和順し奉ると云々。陸奥鎮守府前将軍従五位下平朝臣良将の男、将門、東国を虜領し、叛逆を企つるの昔、藤原秀郷偽りて門客に列すべきの由を称して、かの陣に入る処、将門喜悦の余り、梳《くしけず》る所の髪をも肆《つら》ねず、即ち烏帽子に引き入れ之に謁す。秀郷その軽骨を見て誅罰すべきの趣きを存して退出し、本意の如くその首を獲たりと云々。

これに類した話は中国にもあるが、頼朝がそうした故事を知って広常に対したのではあるまい。本当に広常の遅参を怒ったのであり、生れながらにしてもった、人に将たる器量というのであろう。

元暦元年十一月二十一日には、家臣の服装の華美を誡めた記事がある。

今朝、武衛御要あり、筑後権守俊兼を召す。俊兼、御前に参進す。而るに、本より花美を事とする者なり。只今殊に行粧を刷《かいつくろ》ひ、小袖十余領を着す。其の袖の妻色々を重ぬ。武衛これを覧《み》て俊兼の刀を召す。即ちこれを進《たてまつ》る。自らかの刀を取り、俊兼の小袖の妻を切らしめ給うて後、仰せられて曰く、汝は才翰に富めり。なんぞ倹約を存せざるや。常胤・実平の如きは、清濁を分かたざる武士なり。所領といへば、又俊兼に双ぶべからず。而るに各々衣服已下麁品《そひん》を用ひ、美麗を好まず、故にその家富有の聞えあり。数輩の郎従を扶持せしめ、勲功を励まんと欲す。汝産財の費す所を知らず、太《はなは》だ過分なりと云々。俊兼述べ申す所なし。面を垂れて敬屈す。武衛向後《きょうこう》花美を停止すべきや否やの由を仰せらる。俊兼停止すべきの旨を申す。広元・邦通折節《おりふし》傍に候して皆魂を銷《け》すと云々。

小袖十余領というのは度を過ぎた華美である。刀を以てその袖を切り、無用の贅沢を誡めた頼朝は、さすがに武家の棟梁というにふさわしい。わが身に用いる物は粗末で、その分、郎従を養って、いざという時の御用に立てようというのが、家人の心がけだと教える所に、鎌倉幕府の基礎の安泰が窺われる。

この稿の初めに吉川本『吾妻鏡』ということに触れたから、ここに簡単に伝本のことについて述べよう。『吾妻鏡』は原本は今伝わらず、写本が数種伝存する。その中で主要なものは、北条本と吉川本の二種である。北条本というと、この書を編纂した鎌倉の北条氏に伝えられた本と思われ易いが、実は全く違う。戦国時代の後北条《ごほうじょう》氏に伝えられ、秀吉の小田原征伐の時、北条氏から黒田孝高《よしたか》に贈り、孝高より徳川家に献上したものである。五十一冊あるが、諸所欠けた所がある。慶長の活字本、寛永の木版本はこの本を印行したものであり、広く世に流布した。

吉川本は吉川家に伝えたもので、もとは大内氏の支族右田弘詮が苦心の結果蒐集して四十八冊にまとめた本であり、北条本の誤脱を訂正する所が多いのである。

『吾妻鏡』の記す人の心をうつ記事は枚挙にいとまもない。それらは『源平盛衰記』などに見えるものもあるが、『吾妻鏡』の引きしまった文章に乗ることによって興味が一段と高まる。その二、三をここに付け加えよう。

一つは平重衡が一の谷の戦に源氏方の捕虜となり、護送せられて鎌倉に来た記事である。元暦元年（一一八四）三月十日、重衡は梶原平三景時につれられて京を立つ。同二十七日伊豆国府に到着した。ちょうどその時頼朝は北条（伊豆国）にいたので、早く面会したいと、景時に命ずる。二十八日の『吾妻鏡』の記事は次のようである。

本三位中将（重衡）藍摺直垂。立烏帽子。廊に於いて謁せしめ給ふ。仰せて云ふ。且《かつう》は君の御憤りを慰め奉らんがために、且は父の尸骸《しがい》の恥を雪《そそ》がんがために、試みに石橋合戦を企てしよりこのかた、平氏の逆乱を対治せしむること、掌《たなごころ》を指すが如し。仍りて面拝に及ぶ。不屑《ふせつ》の眉目《びもく》（快しとしない名誉）なり。此の上は槐門《かいもん》（大臣）に謁すること、亦疑ふ所なきかてへり。羽林（重衡）答へ申して曰く、源平天下の警衛たるの処、頃年の間、当家独り朝廷を守る。昇進を許さるゝ者八十余輩。その繁栄を思へば二十余年なり。而るに今運命の縮《ちぢ》まるによりて、囚人として参入する上は、左右《とこう》する能はず。弓馬に携はる者、敵のために虜へらるゝは強《あなが》ち恥辱に非ず。早く斬罪に処せらるべしと云々。繊芥《せんかい》の憚りなく問答し奉る。聞く者感ぜざるはなし。その後狩野介に召し預けらる云々。

これより重衡は鎌倉に入って、武士たちと音曲を翫ぶほほえましい記事があるが、ここでは壇の浦の戦いで捕えられ鎌倉に送られた、前内大臣宗盛の挙措を比較のために記そう。

前内府（宗盛）近日帰洛すべし。面謁すべきかの由、因幡前司（大江広元）に仰せ合はさる。これ本三位中将下向の時、対面し給ふの故なり。而るに広元申して云ふ。今度の儀、以前の例に似るべからず。君は海内の濫刑を鎮め、その品《ほん》すでに二品《にほん》に叙し給ふ。彼は過ちて朝敵となりし無位の囚人なり。御対面の条、還つて軽骨の謗を招くべしと云々。仍りてその儀を止められ、簾中に於いて其の躰を覧ず。諸人群参す。しばらくして前内府浄衣を着す。立烏帽子。西侍《さむらい》の障子のほとりに出づ。武蔵守、北条殿、駿河守、足利冠者、因幡前司、筑後権守、足立馬允等、その砌《みぎり》に候す。二品、比企四郎能員を以て仰せられて云ふ。御一族においては、指したる宿意を存ぜずと雖も、勅定を奉《うけたまわ》るによりて、追討使を発するの処、輙《たやす》く辺土に招引し奉り、且は恐れ思ひ給ふと雖も、尤も弓馬の眉目に備へんと欲すてへり。能員、内府の前に蹲居し、子細を述ぶるの処、内府、座を動かし、頻に諂諛《てんゆ》の気あり。報じ申さるゝの趣き又分明ならず。只露命を救はしめ給はゞ、出家を遂《と》げ、仏道を求むるの由云々。是れ将軍四代の孫として、武勇、家に稟《う》け、相国第二の息として、官禄、意に任す。然れば武威を憚る可からず。官位を恐る可からず。何ぞ能員に対し礼節あるべけんや。死罪更に礼に優ぜらるべきにあらざるか。観る者弾指《つまはじき》す云々。

重衡との対比において、宗盛の臆病ぶりが、遺憾なく描き出されている。

承久元年（一二一九）正月、将軍実朝は任右大臣拝賀の儀を鶴岳《つるがおか》八幡宮に行ったが、その時甥の公暁《くぎょう》のために暗殺せられたことは、源氏の将軍が僅か三代で終った不祥事を招いた。『吾妻鏡』は、それに予兆のあったことを記していう。

そもそも今日の勝事（不祥事）兼ねて変異を示す事一にあらず。いはゆる御出立の期に及び、前大膳大夫入道（大江広元）参進申して云ふ。覚阿（広元の法名）成人の後、未だ涙の顔面に浮ぶを知らず。而るに今昵近し奉るの処、落涙禁じがたし。是れただなる事に非ず。定めて子細あるべきか。東大寺供養の日、右大将軍御出の例にまかせ、御束帯の下に腹巻を着せしめ給ふべしと云々。仲章朝臣申して云ふ。大臣大将に昇るの人未だその式あらずと云々。仍りてこれを止めらる。又公氏《きんうじ》御鬢に候するの処、自ら御鬢一筋を抜き、記念と称してこれを賜ふ。次に庭の梅を覧て、禁忌の和歌を詠じ給ふ。出テイナバ主ナキ宿ト成ヌトモ軒端ノ梅ヨ春ヲ忘ルナ　次に南門を御出するの時、霊鳩頻りに鳴き囀《さえず》る。車より下り給ふの刻、雄剣を突き折らると云々。

ついで起こった承久の変は、幕府にとっては存亡を賭けた大事であった。実朝の死後、京都から将軍として迎えた三寅《みとら》（頼経）は、二歳の子どもであった。将軍幼稚の間は、頼朝の後室二位尼が簾中において理非を聴断すべしと定められた。承久三年（一二二一）五月十九日関東に到着した飛脚は、院中に軍勢を召し集め、北条義時追討の宣旨を諸国に下した由を告げた。二位尼は家人等を招いて心を一つにしてこれに立ち向うことを誓わせ、総勢十九万騎の武者が、東海、東山、北陸の三道に分かれて京に向った。途中諸所で官軍を撃破し、勢多川のほとりについたが、ここはいつに変らぬ激戦の場となった。たまたま大雨で、水かさは増し、幕軍の渡河作戦は難渋を極めた。宇治に向った大将軍泰時の決意は見事であった。

武州（泰時）、太郎時氏を招きて云ふ。吾が衆敗北せんとす。今に於いては大将軍死すべき時なり。汝速かに河を渡り軍陣に入り。命を捨つべしてへり。時氏、佐久満太郎、南条七郎以下六騎を相具し、進み渡る。武州言語を発せず。只前後を見る間、駿河次郎泰村主従五騎以下数輩また渡る。ここに官軍東士の水に入るを見て、勝に乗ずる気色あり。武州駕を進め、河を越えんとす。貞幸騎の轡を取ると雖も、更に拘留する所なし。貞幸謀りて云ふ。甲冑を着て渡らば、大略没死せざるはなし。早く御甲《よろい》を解かしめ給うべしてへり。田の畝《うね》に下り立ち、甲を解く処、其の乗馬を引き隠すの間、心ならず留まり訖んぬ。

このような苦戦の結果、宇治、勢多両所の守りを突破した幕軍は、京都に進撃した。院は大夫史《たいふのさかん》国宗《くにむね》を勅使として、院宣を泰時の陣に遣わした。泰時は院宣を拝すべしと称して馬を下りたが、五十人の武士中院宣を読むべき者がいない。漸く武蔵国住人の中で文の博士と言われる者を召出して、これを読んだという武士の教養の程度をうかがわせる物語もある。同じようなことは、医療の上にもある。

武蔵太郎秘蔵の馬一両匹、宇治において矢に中り、その鏃身中に入り、今に出でず。なまじいに覊れずと雖も、太《はなは》だ辛苦《くるし》む。諸人に訪ふと雖も、治術する所なきの由を称す。生虜の西面《さいめん》中に、友野右馬允遠久なる者あり。馬を飼ふの芸、古の伯楽と謂ふべし。このことを聞き、治すべきの由云々。武州頻りに興に入り、則ちかの馬を引き送るの処、鏃を抜き療養し、忽ち癒《い》やすを得たり。珍事の由、世以て謳謌す云々。

こういう挿話を挙げると、きりはない。最後に幕府がこの事変をどのように解釈したかの一事を挙げてしめくくりとしよう。

この書に見られる史観としていちじるしいものは、歴史の進展は神の意志によって定まる。神はいろいろのさとしをもって人の進む道を教える。そしてこれに従うときに人は栄え、これに従わないときに衰えるという観念である。承久三年閏十月、事変の一段落ついた後に、本書は評語を掲げて、天照大神は豊秋津洲の本主、皇帝の祖宗であるのに、八十五代の今に至って、なぜ百皇鎮護の誓を改め、三帝両親王に配流の恥辱をいだかせたか。もっとも怪しむべきことであると疑問を提出する。そして実は二月以来、皇帝ならびに摂政以下、公家の人々は、天下の改まるべき夢想の告げを蒙った。それなのに君臣共に何の対策も講じなかった。

幕府方では、二位尼の夢に大神宮が現われて、世の中大いに乱れて兵を徴《め》すであろうということであったので、早速使を大神宮に遣わして祈願を凝らした。こういう公武の信仰の相違が今度の結果をもたらしたのであるというのである。

公武は対立したけれど、天照大神を本主と仰ぐ点では、共に日本国民である。大神を重んずる態度の違いによって、今度の悲劇は生まれた。そこで二位尼が死去した嘉禄元年（一二二五）七月十一日の条に、

> 是れ前大将軍の後室、二代将軍の母儀なり。前漢の呂后に同じく天下を執行せしめ給ふ。若しくは又神功皇后再生せしめ、我が国皇基を擁護せしめ給ふか云々。

という讃辞が贈られる。神功皇后の再生とは恐れ入った自画自讃であるが、幕府当局者はこのように公武の関係を考えることによって、心の安らぎを得たのであろうと、私は思う。

元亨釈書

『元亨釈書《げんこうしゃくしょ》』は、日本の綜合的な仏教史の著書として最古の栄誉を担うものであるが、一面史法の厳格さにおいても、独自の特色をもつものである。これまで僧侶の伝記は、個人についても、何人かをまとめたものについても、いろいろ著わされてきたが、この書はそれらの伝記のほかに、日本における仏教発展の大勢を編年的に記し、寺院・宗派・法会・寺像など、各種の問題にまで筆を及ぼしている。こうした行き届いた仏教史が、鎌倉時代の末、南北朝の動乱に先立つ十五年、後醍醐天皇の元亨二年（一三二二）に著作されたということは意義が大きい。

著者は東福寺の僧虎関師錬《こかんしれん》である。かれは弘安元年（一二七八）京都に生まれた。幼少より聡明で、十歳の時叡山に登って受戒した。一切経から経史諸子百家に至るまで、内外の書を披閲した。二十二歳の時、当時日本から凡庸の僧がこぞって元《げん》に渡るのを日本の恥と考え、みずから元に渡って、わが国に人のあることを知らせようとしたが、母が老病であったため、これをやめた。徳治二年（一三〇七）三十歳の時、当時日本に来朝していた一山一寧について学んだが、たまたま一山が、日本の高僧の逸事をかれに尋ねた。かれはそれに十分に答えられなかった。一山はこれを不審とし、公の弁博ひろく外国の事に及んでいるのに、日本の事に至ると頗る応対に渋るのは、どういうわけかとたしなめた。

明治の頃競って欧米に渡った日本の俊秀が同じような経験をしたことは、しばしば聞く所であるが、師錬もまさにそれであった。かれはこれに恥じて志を起こし、他日必ず国史並びに雑記を考えて、我が国の僧侶の伝記を作ろうと決心した。以上は、師錬の門人霊源寺令淬《れいさい》の編集した『海蔵和尚紀年録』に見える所であるから、恐らく誤りはなかろうと思う。

これによって『釈書』著述の動機は、師錬三十歳の時に萌したことが知られるが、爾来《じらい》十五年、四十五歳の時になってその志は実り、『元亨釈書』三十巻が完成した。

元亨三年八月十六日、かれはこれを後醍醐天皇に上《たてまつ》り、上表して、聖明の代には必ず著述がある。漢の武帝の時に司馬遷は『史記』を纂め、宋の仁宗の時に欧陽脩は『唐書』を修めた。二書の諸史の上に出るのは、むしろ二主が文を思った結果ではあるまいか。今の聖代に当って、この書の出来たのは、わが君の文徳と太平の表れである。このような書を独り私するには忍びない。謹んで陛下に上って、官の評議により、採るべきものがありとすれば、大蔵経の中に入れて天下に行われたいと請願した。その自信と抱負とは驚くべきものがあるが、かれの死後十四年、延文五年（一三六〇）その願いは叶って、大蔵経の中に加えられる勅許を得たのである。

この書は、伝・表・志の三部から構成される。伝は僧侶の伝記を録した部分で、伝智・慧解・浄禅・感進・忍行・明戒・檀興・方応・力遊・願雑の十目に分かれる。その名は、各人の果した功業や才能などの特徴をとったものであるが、こうした分類の模範は、中国に行われていた高僧伝にある。中国には梁の慧皎《えこう》の『高僧伝』、唐の道宣の『続高僧伝』、宋の賛寧《さんねい》の『宋高僧伝』などがすでに通行しており、三伝ともに十科に分ける方法をとっていた。たとえば梁の『高僧伝』は、訳経・義解《ぎげ》・神異・習禅・明律・遺身・誦経・興福・経師・唱導の十科に分かれる。唐の『続高僧伝』はその名を多少変更してこれを受けつぎ、『宋伝』は『唐伝』をそのまま踏襲している。『元亨釈書』は十科に分ける方式はかれに倣ったが、十科の名称は全部異にし、あくまで独自の考えを打ち立てようとする姿勢がうかがわれる。たとえば、かれにある訳経を伝智と改めているが、事実としてはかれに訳経のことはあっても、わが国にそのことはない。けれど伝来という点では一であるから、伝智とすると、みずから説明しているようなものである。

伝はこのように三高僧伝に負う所があるが、表や志を伴った形は高僧伝にはない。それの基づく所は宋の志磐の『仏祖統紀』であろう。

『仏祖統紀』は、紀・伝・表・志の四部から成る純然たる紀伝体史書であるが、『釈書』は紀を取らず、伝・表・志を取ったのである。そして表を資治表と名づけて、単なる年表である以上に、史実を多く載せ、類によって分けた伝を一貫して理解し易いようにした。

また、『春秋』にならい、褒貶《ほうへん》の意を寓した厳格な史筆をもって、史実を批判している。資治表の序に、昔孔子は『春秋』を作って、年月によって事を録した。司馬遷がその方法を変えて、伝を立てた。のちの史を修する者、みな司馬遷を模範とする。『春秋』のような編年は時にかけ、紀伝は類に分けている。類に分けたものは下愚でも読むに都合がよい。時にかけたものは、中才も或いはその紛糾に苦しむ。これが史法の変ったゆえんである。初め自分もこの書を修するとき『春秋』の体に従おうとした。ただ中下の才の人のこれを不便とするであろうことを恐れて、伝を立てた。併し、心のおさまらないものがある。ひそかに我が国の政治を見るに仏教の助けによる所が多い。故に自分はその事実をひろって資治表を作るといっている。とくに表に資治を冠するのは、『資治通鑑』の例をとり、政治を助ける用という意を寓しているのであろう。

　その『春秋』の法に倣った資治表の書き方はいかめしく、きざにさえ感じられる。史法への心配りばかりが目に立つのである。天皇は全部皇帝と称し、欽明皇帝を初めとして、以下歴代皇帝ごとに年を掲げ、事実を記す。たとえば、
　欽明皇帝三十有二年夏四月、天皇崩ず。欽明と諡す。

と本文を記し、一段文字を下げて、
　三十二年四月崩ず。なんすれぞ日をいはざる。史の失なり。

と記すなどはやさしい方で、孝徳天皇の条などは、『書紀』の紀年を改めるのだから、恐ろしい。

　孝徳皇帝元年春正月、元を大化と建つ。

と大書し、注して、

元年丙午、正月即位と書せず、去歳六月難波宮に於いてすればなり。帝は皇極の弟なり。旧史、元を乙巳に繋く。何すれぞ今丙午に立つ。春秋の法、一年に二君あらず。年を踰《こ》えて位に即く。年を踰えて元を立つ。春秋に法《のっと》ればなり。旧史去る七月建元と書す。今正月に改む。蓋し春秋の意なり。

史法を守るためには、史実を無視してもよいという神経は、われわれには解しかねる。正しい史実を伝えるための史法なのに、史法を優先させるのは本末顛倒である。こうした例から類推すると、外の高僧の伝記の部分なども、どこまで史実を重んじているか、疑問を抱かせられる。

しかし、僧伝の部分は、すでに著わされている各人の伝記や、国史・記録の類によっているらしく、資治表に見られるような気負った書法はない。ただ神秘な伝説・話柄の類は豊富に載せ、仏徒の立場を堅持する。たとえば伝智の第一に南天竺菩提達磨を挙げて、推古天皇二十一年（六一三）我が国に来り、片岡山で飢人の貌となり、聖徳太子と歌を贈答した話をのせ、方応の項で聖徳太子を取り上げ、もっぱら『伝暦』によって、その神秘伝説を惜しみなく記しているようなものである。

主要な高僧の後には、論及び賛を書いて、みずからの意見を開陳する。円仁については、賛を記して、草創と守文のいずれが難いかという論を展開し、儀法を一時に備え、徳沢を後世に残すのは守文の任だから、自分は守文をもって難いと考える。いま天台の支派、あるいは三観、あるいは三密、みな円仁に基づかないものはない。最澄を唐の高祖とすれば、円仁は太宗に相当する。太宗の勤政があって、唐は三百年の運を伝えたのであるという。

円珍については、三善清行の著わした『智証大師伝』によって、伝記を記す。幼少より穎悟《えいご》であった例として、八歳のとき父に申して、因果経を誦み習わしめよといい、爾来朝夕読誦したこと、十歳で『毛詩』『論語』『漢書』『文選』等を読んだ事実を挙げる。そして賛して、生まれて知るは上である。学んで知るは次である。自分は智証の記を読んで、生知の上才であると思う。これによって名を中国に揚げ、功を日本に立てることができた。天元の間、山門との争いが起こり、堂宇も破壊されたが、やがてこれを復することができた。いわゆる智証の遺風余烈、染めても黒くならず、磨いても薄くならないものかという。

次に志に移ろう。これも学修・度受・諸宗・会儀・封職・寺像・音芸・拾遺・黜争・序説の十に分かれる。この十志の分け方にはそれぞれ理由があるのであって、『仏祖統紀』の志の分け方とは全く別の構想に成り、著者独自の見識に基づく。序説志に、この書著作の体制についての意見を要約して記しているが、かれは梁・唐・宋の三伝を批判して、「この三伝は史伝に精《くわ》しからず」と断じ、さらにまた「古伝は偏伝なり。今は全史となす」という自負をも述べている。古伝を偏伝だというのは、表・志がないからである。今これを立てるのは、史法を備えるためであるという。また古伝の作者高徳偉才の人を軽々しく論評するのを非とする質問に対しては、「三伝の師、道博く徳大にして、吾れの欽する所なり。然れども史才は末なり」と鋭く反駁する。

中国を尊び、中国に盲従する人の多い僧侶の中で、かれのような日本的自覚に燃え、昂然たる意気を示した人は珍しい。会議志の中では、かつて日本に来た宋の沙門が、宮中最勝会の盛儀を見て、宋は到底これには及ばないと、仏法を蔑如《べつじょ》する宋朝の運命の危いことを嘆じたが、宋はまもなく亡びたのに、日本は文永・弘安の外寇に千艦万卒一時に破溺したとし、それを国家信教の致す所かといっている。序説志では、仏説を引き、支那・日本共に大乗流布の地であるが、支那は大醇にして小疵あり、日本は醇乎として醇なる者なりといい、願雑の王臣伝の序には、我が国には聖君賢臣が相ついで出て仏法を尊ぶ。印度・支那を見るに、わが国のような醇淑なものはない。日本は神世人皇一系の君が続き移革したことがない。閻浮界裏《えんぶかいり》此の如き至治の域があろうか、という。師錬における日本礼讃の主張は驚くべき程固いのである。

増鏡

『増鏡』は物語風歴史の掉尾《とうび》を飾る傑作であると言われる。私も中学校の国語の教科書で、新島守の一節を教えられて感銘が深かったが、その頃何かの賞で注釈付きの『増鏡』一部をもらって、初めから読む機会に恵まれた。

きさらぎの中の五日は、鶴の林にたき木尽きにし日なれば、かの如来二伝の御かたみのむつましさに、嵯峨の清涼寺に詣でて、常在霊鷺山《じょうざいりょうじゅせん》など心のうちに唱へて、拝みたてまつる。かたはらに、八十にもや余りぬらんと見ゆる尼ひとり、鳩の杖にかゝりて参れり。

と、例の物語風歴史特有の人物の設定がすごく印象的であった。

のちに如来二伝の御かたみというのは、インド優塡王《うでんおう》の発願による釈迦檀像で、入宋僧奝然《ちょうねん》が将来して今も清涼寺に安置されていること、のみならず、先年の仏像調査で、体内から五臓六腑をかたどった色彩豊かな絹の袋を始め、造像の由来を記した古文書などが発見され、実は奝然が宋においてインドの像に模して造らせたものであったことなどの事実を知って、いつも『増鏡』の序文を思い出すのであった。

しかし、今度改めて『増鏡』を通読してみると、『今鏡』や『水鏡』にはまさっているであろうが、

『大鏡』には到底及ばない。『大鏡』の批判的精神などは忘れ去った編年体の単調な歴史書で、善意の歴史という点で、『栄花物語』に近い書物であるという感触を強く抱いた。ただ扱っている時代の性格からいって、武家のことに触れなければならぬ。『今鏡』のように武家を無視してはいないが、本心は公家本位の歴史書でありたい。王朝の盛時を飽きることなく反芻して、その楽しみに浸りたいという公家の一般の願望を歴史をかりて述べている書物と見た。

その意味で後鳥羽上皇や後醍醐天皇の幕府討伐の挙に関心を抱いて筆を費しているが、従来考えていたように、簡単に後醍醐天皇の支持を訴えた書物とは言い切れないと思う。同時に持明院統支持の書ともいえない。

著者については、最近は北朝の公家の重鎮二条良基だという説が定説化されているように、岩波日本古典文学大系の『増鏡』の解説では述べているが、私はそれには何となく釈然としないものがあると思う。書中、和歌を挙げることが多いので、和歌に関心の深かった人であることは確かだが、連歌集『菟玖波集』を撰し、有職の書『首寮訓要抄』を著わしたという良基とは、やや縁が遠いのではあるまいか。和田英松博士が定家の子孫である二条為明ではないかと言われた説が、なお捨てがたいように思う。

書名の『増鏡』は宛字であって、意味は真澄の鏡である。序文の終りに、

をろかなる心や見えんますかがみふるきすがたに立ちはをよばで

いまも又むかしをかけばますかがみふりぬる代々のあとにかさねん

とあるのは、作者の謙遜の歌であるが、『増鏡』という書名の由来をよく説明したものである。

取り扱っている時代は、後鳥羽天皇から後醍醐天皇の隠岐より帰って新政を始めた元弘三年（一三三三）までである。この範囲は『大鏡』が文徳天皇から後一条天皇まで、『今鏡』が後一条天皇から高倉天皇までを扱い、『いや世継』が高倉天皇から後鳥羽天皇までを対象として書かれたことが『増鏡』の序文に見えるから、『増鏡』はその『いや世継』につぐものとして、機械的に後鳥羽天皇から始められたということができる。けれども終りを後醍醐天皇の隠岐からの還幸できっていることは、明らかに著者の史観の表明と思われるから、それに対応するものとして、後鳥羽天皇から始めることに、歴史的意義を認めたにちがいない。

全体は十七章に分かれ、各章に「おどろの下」「新島もり」「藤衣」といった雅名をつけているが、内容は編年体であって、「おどろの下」は治承四年（一一八〇）から建保四年（一二一六）まで、「新島もり」は文治元年（一一八五）から承久四年（一二二二）まで、「藤衣」は承久三年（一二二一）から延応元年（一二三九）までというように、年を追っている。これは『栄花物語』の体裁と同じである。『大鏡』のような紀伝体風の趣きは全くなく、『今鏡』のように昔物語を集めた所もない。

叙述の体裁は表面の事実を素直に記すに止まり、その理由や意味を深く追究するような所はない。『愚管抄』のように、一々の事件に強いて理屈をつけ私見を述べている書物を見た後では、何とも物足りない感のすることを否めないが、宮廷を中心とした物語風歴史は、これが本来の姿なのであろう。第一章の「おどろの下」では、後鳥羽天皇の御代の太平を讃えて、

おなじき三年(建久三年)三月十三日、法皇(後白河)かくれさせ給にし後は、御門(後鳥羽天皇)ひとへに世をしろしめして、四方《よも》の海波しづかに、吹風も枝をならさず、世治まり民安うして、あまねき御うつくしみの浪、秋津島の外まで流れ、しげき御恵み、筑波山のかげよりも深し。よろづの道々に明らけくおはしませば、国に才ある人多く、昔に恥ぢぬ御世にぞありける。中にも敷島の道なん、すぐれさせ給ける。御歌かず知らず人の口にある中にも「おくやまのおどろの下を踏み分て道ある世ぞと人に知らせん」と侍こそ、まつり事大事と思《おぼ》されけるほどしるく聞えてやむ事なくは侍れ。

という。ここに挙げられた御製は、武家に政権が移ったのを慨嘆したもので、討幕の挙を内に秘めたものと解して差支えあるまいが、『増鏡』の作者は、表向きはそういう取扱いをしていないかに見える。後鳥羽天皇治世のめでたさを大げさに記し、天皇が和歌の道に堪能であったことの一例として、この一首を挙げているのだから、天皇として正道のよく行われる世の中を実現したいという責務をもっていたことを称揚したに過ぎないように受けとれる。しかしそれは表面を韜晦《とうかい》したもので、裏には深い意味のあることを察知するのが史家の務めであろう。この歌の一句を取って第一章の題名としたのを見遁《のが》してはなるまい。

承久三年（一二二一）後鳥羽上皇の北条義時討伐の企てが関東に達し、義時は弟の時房と一男の泰時を将軍として大軍をひきいて上洛させる。泰時は一旦出発した明くる日、鎌倉に馳せ帰って、義時に尋ねる。

もし道のほとりにも、はからざるに、かたじけなく鳳輦を先だてて御旗をあげられ、臨幸の厳重なる事も侍らんに参りあへらば、その時進退はいかが侍るべからん。この一事をたづね申さんとて、ひとり馳せ侍き。

義時はしばらく考えて、

かしこくも問へるをのこかな。その事なり。まさに君の御輿に向ひて弓を引くことはいかがあらん。さばかりの時は、かぶとをぬぎ弓の弦を切りて、ひとへにかしこまりを申て、身をまかせ奉るべし。さはあらで君は都におはしましながら、軍兵を給せば、命を捨てて千人が一人になるまでも戦ふべし。

と答えた。

このことは武家にも上皇に恭順の意があったとする証とされるが、乱後三上皇を遠島にするという処置をとった義時が実際にこんな指示を与えたかどうか怪しい。私は以前からこれは『増鏡』作者の幻想で、武家もこうした態度をとってほしいという願望を記したに過ぎないと思う。武家との摩擦をできるだけやわらげた形で記そうとするのは、作者の根本的な立場である。

本書には他書に記さない事実を記していて、史料として役に立つ所もあるが、言葉が足りなかったり、誤解があったりして、正しく事実を伝えていない場合もある。その例は、文永五年（一二六八）後嵯峨上皇五十の賀の試楽を花やかに行うということで、公卿たちの装束を事こまかに記したあとに、突如として、

かやうに聞ゆるほどに、蒙古《むくり》の軍といふ事起こりて、御賀止まりぬ、人びと口惜しく本意なしと思すこと限りなし。何事もうちさましたるやうにて御修法やなにやと、公家武家たゞこの騒ぎなり、されどもほどなくしづまりていとめでたし。

という文がある。文永五年に蒙古の軍とは、何とも解《げ》せないが、これは蒙古と高麗の国書が日本にもたらされた事件である。国書の内容は日本に朝貢を促したもので、必ずしも直ちに兵を起こそうというのではない。だからこれを「蒙古の軍といふ事起こりて」というのは言い過ぎである。文永十一年ならば、そう書いてよいが、肝心の文永十一年には何の記事もないから、作者はそれと年時を混同したのであろう。さすがに弘安四年（一二八一）の来寇についての記事は詳しい。そして重要な問題まで提起される。

其比、蒙古起こるとかやいひて、世の中騒ぎたちぬ。（中略）伊勢の勅使に経任大納言まいる。新院（亀山上皇）も八幡へ御幸なりて、西大寺の長老召されて真読《しんどく》の大般若供養せらる。大神宮への御願に「我御代にしもかかる乱れ出で来て、まことにこの日本のそこなはるべくは、御命を

召すべき」よし、御手づから書かせ給けるを、大宮院「いとあるまじき事なり」となを諫めきこえさせ給ぞ、ことはりにあはれなる。

日本がそこなわれるのならば、わが命を召すべき由を神宮に祈請した君は、時の帝の後宇多天皇か、院政を執った亀山上皇か、大正時代に学界の論争の種となった。理屈からいえば、後宇多天皇ということになろうが、時に天皇はまだ十五歳の若年である。公家の政治の実権は亀山上皇にあったこと、大宮院は亀山上皇の実母であったこと、筑前の筥崎《はこざき》八幡宮には上皇が「敵国降伏」の四字を宸翰《しんかん》にしたためて、建治元年（一二七五）八幡宮の正遷宮にさいし、神座の下に納められたということなどを勘案すれば、これは亀山上皇と見るのが妥当であろう。いずれにしても御自身の命にかえて国難を救おうとしたのは、皇室に連綿と伝えられる崇高な精神の発露であり、『増鏡』の作者の理想とした所でもあろう。

『増鏡』には問題となる事実をまだ記している所がある。有名な北条時頼廻国説がそれである。まず『増鏡』のいう所を聞こう。

故時頼朝臣は康元元年（一二五六）に頭おろして後、忍びて諸国を修行しありきけり。それも国々のありさま、人の愁へなど、くはしくあなぐり見聞かんの謀にてありける。あやしの宿りにたち寄りては、其家主がありさまを問ひきく。ことはりある愁へなどの埋もれたるを聞きひらきては、「我はあやしき身なれど、むかし、よろしき主、持ちたてまつりし、いまだ世にやをはすると、消息たてまつらん。持てまうでてきてこえ給へ」などいへば、「なでう事なき修行者の、なにばかり」とは思ひながら、いひあはせて、その文を持ちて東へ行きて、しか〴〵と教へしま、にいひてみれば、入道殿の御消息なりけり。「あなかま〳〵」とて、ながく愁へなきやうには、はからひつ。仏神などの現はれ給へるかとて、みな額《ぬか》をつきて悦《よろこび》けり。

こうした廻国説は、『太平記』巻三十五北野通夜物語の中にも見える。そこでこの事実を疑う説は江戸時代からあり、明治・大正の学者の中でも大体作り物語に過ぎないと見る説が有力であった。幕府の記録である『吾妻鏡』に所見がないこと、時頼は政務に忙しく遠遊する暇はなかったであろうことなどが、その論拠であった。鎌倉時代史の研究に幾多の卓見を示した八代国治博士は、これらの疑惑説の取るに足りないことを論じ、『増鏡』の史料的価値から見て、これを事実と論断した。

私もこれを一概に架空の物語と見なしてはなるまいと思う。『太平記』になると、話が複雑になって、摂津国難波で地頭職を横領せられた尼を助けることになるが、ここまでくると潤色の臭いがする。『増鏡』のいう程度の抽象的な事実は存在したとしてよかろう。

伏見天皇の正応三年（一二九〇）三月の浅原為頼の皇居乱入事件は、幕府と持明院・大覚寺両統との間に微妙な波紋を及ぼしたが、『増鏡』はその状態をこまかに描写して、艶《えん》に優しい記事の多い中で珍しい殺伐な文章となっている。少し長いけれども、乱暴な武者の行跡がありありと書かれているのが面白いので、原文を引くことにしよう。

同じ三年三月四日五日の頃、紫宸殿の獅子・狛犬、中よりわれたり。驚きおぼして御占あるに、「血流るべし」とかや申ければ、いかなる事のあるべきにかと、誰も〳〵おぼし騒ぐに、その九日の夜、衛門の陣より、恐ろしげなる武士三、四人、馬に乗りながら九重の中へ馳せ入て、上に昇りて、女嬬《にようじゆ》が局《つぼね》の口に立ちて、「やゝ」といふ物を見あげたれば、丈高く恐ろしげなる男の、赤地の錦の鎧直垂に、緋をどしの鎧着て、ただ赤鬼などのやうなるつらつきにて、「御門《みかど》はいづくに御よるぞ」と問ふ。「夜の御殿《おとど》に」といらふれば、「いづくぞ」と又問ふ。「南殿より東北のすみ」と教うれば、南ざまへ歩みゆく間に、女嬬、うちより参りて、権大納言典侍殿、新内侍などにかたる。上は、中宮の御方にわたらせ給ければ、対の屋へ忍て逃げさせ給て、春日殿へ女房のやうにて、いとあさましきさまをつくりて、入らせ給ふ。内侍、剣璽取りて出づ。女嬬は玄象、鈴鹿取りて逃げけり。春宮をば中宮の御かたの按察《あぜち》殿抱きまいらせて、常盤井殿へかちにて逃ぐ。その程、心の中どもいはん方なし。

此男をば浅原のなにがしとかいひけり、からくして夜の御殿へ尋ねまいりたれども、大かた人もなし。中宮の御方の侍の長景政といふ物、名のりまいりて、いみじく戦い防ぎければ、疵かうぶりなどしてひしめく、かゝる程に、二条京極の篝屋《かがりや》備後の守とかや、五十余騎にて馳せ参て時をつくるに、合はする声、はつかに聞こえければ、心やすくて内にまいる。御殿どもの格子ひきかなぐりて乱れ入に、かなはじと思ひて、夜の御殿の御しとねの上にて、浅原自害しぬ。太郎なりける男は、南殿の御帳《みちよう》の内にて自害しぬ。弟の八郎といひて十九になりけるは、大床子《だいしようじ》のあしの下にふして、寄る者の足を斬り〳〵しけれども、さすが、あまたしてからめんとすれば、かなはで自害すとても、腸《はらわた》をばみな繰り出だして、手にぞ持たりける。そのまゝながら、いづれをも六波羅へかき続けて出だしけり。

浅原為頼は甲斐源氏で、所領を失って悪党となり、諸所で乱暴を働いていたという。それにしても騎馬のまま内裏に参入して、主上を害しようとするのは、もっての外の狼籍《ろうぜき》である。御所がこういう乱暴者に対して、いかに無防備であったかの証ともなる。侵入者を赤鬼のようなつらつきと見たというのは、いかにもそこに居合わせた女房の話でも、このあたりの記事の材料になっている感じがする。ただし、別にこのことを述べた『中務内侍日記』の文は、これよりははるかに簡単だから、『増鏡』の材料は別にあったであろう。

浅原がこんなことを自分のためにするはずはない。これをさせた者があると思うのは自然である。かれが自害に用いた鯰尾《なまずお》という刀は三条家に伝わったものだということがわかって、三条宰相中将実盛は六波羅に召し捕えられた。亀山院も皇位継承について不満を抱いていたので、関係があったかのように、西園寺公衡は後深草院の前で告げ口したという。幕府はこれを信じて亀山院を六波羅に移そうとしたが、院の弁明によって事なきを得た。けれど、幕府はこれより大覚寺統への疑惑の念を強めたことは事実であろう。

後嵯峨天皇の皇子で同腹の兄弟後深草天皇と亀山天皇とが相ついで位につき、譲位後それぞれ治世の君となったことは、いわゆる持明院流と大覚寺流と皇統が二流に分かれる基となり、幕府の干渉と権臣の策動とがからまって、鎌倉時代の公家社会を不明朗なものとし、後醍醐天皇の討幕の挙の一つの原因にもなったことは争えない。『増鏡』がそうした公家社会の推移を、表面きらびやかな儀式や男女の情交などを記しながら、裏にさりげない筆致で示していることも一つの特色であろう。

太平記

『太平記』は軍記物語であるが、歴史性のきわめて豊かな物語である。『平家物語』を歴史的物語といえば、これは物語的歴史といってもよい程の相違がある。

『太平記』の対象とする時代は、後醍醐天皇の即位（文保二年、一三一八）から、元弘の乱、建武中興を経て、南北朝の対立となり、将軍足利義詮《よしあきら》が死に、僅か十歳の義満が後を継ぎ、細川頼之《よりゆき》が執事職となった貞治六年（一三六七）までの五十年間である。この間は日本国中至る所に戦乱が相つぎ、公武ともにはげしく揺れ動いた時だから、記述すべき歴史的事実に事は欠かない。公家も武家も共に叙述の対象となり、京都・関東・吉野・北陸・奥羽・九州まで、舞台は全国にくり広げられる。まことに雄大な軍記物語である。

それにしても、そうした戦乱の世を叙して、『太平記』というのは、なぜであろうか、全篇の終りが「細川右馬頭西国より上洛の事」と題して、細川頼之が「外相・内徳げにも人の云に違はざりしかば、氏族も是を重んじ、外様も彼の命を背かずして、中夏無為の代に成って目出たかりし事共なり」と結ばれているので、ここで待ち望んでいた太平の世が来たことをことほいでの命名だろうという説が有力らしい。しかし、私はそれには疑問をもつ。頼之がそんなにも大きな位置をこの書中に占めているとは思われないし、第一、この最後の巻の四十にも「南禅寺と三井寺の確執の事」「最勝講の時闘諍に及ぶ事」という篇を設け、相変らず争乱の跡の絶えない時勢を示している。

私はこの書名は、凶事を吉事といい、病気を歓楽と記したように、中世人の好んで用いた反語であって、うらには戦乱の世の太平に赴くことを望んだ、はかない心を寓したものであろうと思う。

この本は大体編年順に記事を進めているが、その間にも三つの大きな区切りがある。第一は第一巻から第十二巻までであって、後醍醐天皇の即位から元弘の乱を経て、公家一統の政治になるまで、第二は第十三巻から第二十一巻までで、中興政治の失敗から南北朝の対立となり、正成・義貞らが戦死し、後醍醐天皇が崩御するまで、第三は第二十二巻から第四十巻までで、両朝の間の絶えまない争いが、足利氏の内訌とないまぜられて複雑な様相を帯びつつ、足利義詮の死に至るまでである。

こうした主題の移ると共に、作者の位置にも多少のずれが起こっているように見える。多くの軍記物語のように、初めは十二巻くらいの書物から、次第に書きつがれて行ったものであろう。この書が後醍醐天皇の即位から始められている一事でも知られるように、南朝方の立場で書かれていることは、誰もが認める所であるが、最後を足利義詮の死、細川頼之の執事職就任という足利方の記事で終えていることは、首尾一貫しない憾《うら》みがある。後村上天皇は、実に義詮の死の翌年正平二十三年（一三六八）に崩御したのだから、一言そのことに触れるべきではあるまいか。作者の位置にずれがあると見るのは、そういう理由によるのである。

作者については、『洞院公定公記』応安七年五月三日の条に、小島法師の死去を記して、

是れ近日天下に翫ぶ太平記の作者なり。凡そ卑賤の器たりとも雖も、名匠の聞えあり。無念と謂ひつべし。

とあるので、小島法師だということは動かせないが、その人の閲歴・人物は一向徴するものがない。ただ応安七年（一三七四）の頃、天下に翫ぶといわれる程普及したことが知られるが、この書の対象とする時代の下限貞治六年（一三六七）からは、僅か七年の後のことだから、意外に早く広まった書物だといわねばならない。

別に今川了俊が応永九年（一四〇二）に書いた『難太平記』は、今川家の由緒を述べて、子孫に家名をおとさないように誡めた遺訓であるが、一面『太平記』の誤りを多く指摘しているので、『難太平記』といわれる。その中に六波羅合戦の時、大将の名越が討たれたので、今一方の大将足利高氏は後醍醐天皇に降参せられたと『太平記』に書いてあるが、かえすがえす無念の事である。この記の作者は「宮方深重の者にて、無案内にて」このように書いたのであろう。ばかげた話である。すべてこの『太平記』には、誤りやそら事も多いようである。昔等持寺で、法勝寺の恵珍上人がこの記を三十余巻持参して直義に見せた所、玄恵法印に読ませて、直義のいうには、自分の見聞した範囲内でも、以ての外に違いが多い。追って書き入れたり、削除したりすべき事がある。その間は外聞してはならないとのことであったとある。

宮方深重の者というのは、どういう意味か。この書の篇名の「諸国宮方蜂起の事」（巻第十九）、「佐々木信胤宮方となる事」（巻第二十二）の宮方は南朝側のことを指しているから、南朝側で重い地位にあった人ということであろうか。また今の『太平記』では、玄恵は巻二十七に、直義は巻三十にその逝去が記されているので、三十余巻の『太平記』を、直義や玄恵が見たというのには、少なくとも巻数の上で誤りがあろう。

結局、『太平記』の作者は複数の人物で、小島法師や玄恵法印・恵珍上人などは、中でももっとも大きな働きをした人とでも解する外はあるまい。そして、この書も『平家物語』が琵琶法師によって語られたように、『太平記』読みという講釈師によって、市井に広められたことは、江戸時代にもっとも盛んだったようであるが、その起こりは室町時代にすでにあったといわれる。語り物の書として、語られて行く間に、詞章が飾られ、事実が付け加えられた所もあるであろう。

その語り物的性格を、もっともよく表わしている所は、いわゆる道行文《みちゆきぶん》である。蔵人右少弁俊基は日野中納言資朝と早くから後醍醐天皇の股肱となって、北条討伐の計を廻らしたが、その事が露顕して、一度鎌倉に召し寄せられる。第一回は釈明ができて京都に帰るが、元弘元年（一三三一）再挙を図ってまた鎌倉に護送される。今度は助からぬ道中とて、京より鎌倉へ下る有様を、宿駅や名所の名を織りこんだ悲痛な七五の句で書き連ねる。

落花の雪に踏み迷ふ、片野の春の桜がり、紅葉の錦をきて帰る、嵐の山の秋の暮れ、一夜を明かす程だにも、旅宿《たびね》となればものうきに、恩愛の契り浅からぬ、わが故郷《ふるさと》の妻子をば、行末《ゆくえ》も知らず思ひ置き、年久しくも住み馴れし、九重の帝都をば、今を限りと顧みて、思はぬ旅に出で給ふ。心の中ぞ哀れなる。憂《うき》をば留めぬ相阪《おうさか》の、関の清水に袖濡れて、末は山路を打出の浜、沖を遥かに見渡せば、塩ならぬ海にこがれ行く。

と、近江路から不破の関を越えて、尾張・三河・遠江・駿河を経て、

急ぐとしもはなけれども、日数つもれば、七月二十六日の暮程に、鎌倉にこそ著給ひける。

と結ぶ長い長い道行文である。玉を貫ねたような美しい詞章は語り物の傑作としてよいが、これを歴史の史料として見ても、重要な意味をもつ。「勢多の長橋打渡り」という句があるので、瀬田橋が使用されていたこと、「不破の関屋は荒れ果て、」とあるので、不破の関はその機能を失っていたこと、京・鎌倉間の往来が古代の東海道によらず、近江・美濃を経るものであったこと、「浜名の橋の夕塩に」ということから、浜名湖の入口の橋も健在であったこと、池田宿が天竜川の西岸にあったこと、箱根越えは足柄路を用いたことなど、歴史地理上の大切な事実が知られる中には古来の名所に因んだきまり文句を用いているものもあろうから、そのままに歴史の史料とすることは危いという人もあろうが、以上に挙げたことくらいは、恐らく当時の京・鎌倉間の往来の実状を示しているものと見てよいと私は考える。

このような歴史事実とのかかわり合いの問題は、『太平記』の史料的価値として、明治初年の新史

学勃興の時代に熱心に論議せられたことであった。内閣に設けられた修史局の学者たちは挙って『太平記』が史学の史料として役に立たないことを論じた。久米邦武博士の「太平記は史学に益なし」という論文はもっとも有名であるが、星野恒博士は「太平記ハ果シテ小説家ノ作ニ非サル乎」という論文を発表し、重野安繹《しげのやすつぐ》博士は「桜井駅」「児島高徳考」という題目を掲げて、桜井駅での楠木正成父子の別れ、児島高徳が院の庄の後醍醐天皇の行宮の桜の木に忠誠心を表わした詩を書きつけたという話などは、事実無根であると述べた。すべてこれらは当時の信頼すべき記録文書に所見がないというのが有力な論拠であった。

しかし、これには一つには水戸の『大日本史』が余りにも『太平記』を信用し、その記事によって、南朝武士の誠忠を讃えたことに対する反撥の意味が、底流に存したことを私は看取せずにはいられない。すべて学説は先行の有力な学説を破り、それを乗り越えることに、存在の意味を見出すが、歴史書の編修でも、先行の歴史書の史実の認定の誤りを指摘し、史観の歪みを正すことに生甲斐を求める。明治になって伝えられた西洋の、厳密な史料批判の上に史実を構成するという実証主義は、修史局の諸学者の脳裏に深く刻まれ、その応用の第一として、当時世上に大きな影響をもった『大日本史』を槍玉にあげたのである。

『太平記』が史料として役に立たないと論じたのは、一時の熱病のようなものであって、今日から見れば強いて欠点ばかりを挙げて、『太平記』を誹謗したという感を否み得ない。このような物語に、もともと確実な事実の記載を求めることの無理なことは、『平家物語』と同じである。むしろこの時代は五十年の歴史の推移を、この書ほどにまとめて記したものはない。時代の大勢を知る上はもとより、当時の人々の思想、社会の状況などを知るにも、これにまさる史料は外にあるまい。その上かつては烏有の人物、架空の事実とせられたことが、復活できるような史料が発見せられたことは、大正年間の田中義成博士の研究によっても明らかにせられた。

『太平記』は史学に益なしどころか、大いに有益であると、私は言いたい。

『太平記』の描く人物像は、変転きわまりない時勢を生きた人として、多種多様であって、興味が尽きない。

皇室では後醍醐天皇が当然中心人物とされているが、本書は天皇に対して深い敬慕の念をあらわしながら、批判を加えることも忘れない。それは開巻第一に、後醍醐天皇を讃えて、

御在位之間、内には三綱五常の儀を正して、周公孔子の道に従ひ、外には万機百司の政を怠り給はず。延喜天暦の跡を追れしかば、四海、風を望んで悦び、万民、徳に帰して楽む。凡そ諸道の廃れたるを興し、一事の善をも賞せられしかば、寺社禅律の繁昌、爰に時を得、顕密儒道の碩才も、皆望《のぞみ》を達せり。誠に天に受たる聖主、地に奉ぜる名君也と、其徳を称し、其化に誇らぬ者は無かりけり。

といい、「関所停止の事」では、

又元亨元年の夏、大旱、地を枯して、甸服《でんぷく》の外、百里の間、空しく赤土のみ有て、青苗無し。餓《が》莩《ひょう》野に満ちて飢人地に倒る。此年銭三百を以て粟一斗を買ふ。君遥に天下の飢饉を聞召て、朕不徳あらば、天予一人を罪すべし。黎民《れいみん》何の咎有てか、此災に遭《あえ》ると、自ら帝徳の天に背ける事を嘆き思召て、朝餉《あさがれい》の供御を止られて、飢人窮民の施行に引れけるこそ有難けれ。（中略）誠に理世安民の政、若し機巧に附いて是を見れば、命世亜聖の才とも称しつべし。唯恨むらくは、斉桓、覇を行ひ、楚人、弓を遣《わす》れしに叡慮少しき似たる事を。是則ち草創は一天を弁すと雖も、守文は三載を越えざる所以なり。

と、天皇の仁慈を筆をきわめて述べているが、最後に覇道を行い度量が狭かったという欠点をもつけ加えている。

延元元年（一三三六）吉野の行宮で天皇は崩御するが、左の手に法華経の五の巻を持ち、右の手には御剣を按じて、生々世々の妄念ともなるべきは、朝敵を悉く滅ぼして、四海を太平にしようと思うばかりである。玉骨はたとい南山の苔に埋もるとも、魂魄は常に北闕の天を望まんと思うと遺詔せられたというのは、広く世に知られた『太平記』の記事である。作者はそのあとに、

天下久しく乱に向ふ事は、末法の風俗なれば、暫らく言ふに足らず。延喜天暦より以来、先帝程の聖主、神武の君は未だおはしまさざりしかば、何となくとも、聖徳一たび開けて、拝趨忠功の望みを達せぬ事は非じと、人皆憑みをなしけるが、君の崩御なりぬるを見まゐらせて、今はみも

すそ河の流の末も絶えはて、筑波山の陰に寄る人も無くて、天下皆魔魅《まみ》の掌握に落つる世に成《なら》んずらめと、あぢきなく覚えければ、

と、後醍醐天皇に寄せた人々の期待の大きかったことを示している。

当時の武士が利害の打算に汲々とし、一身一家の保全を図って、たやすく主に背いたことは、足利尊氏を筆頭として、その数は挙げるに堪えないであろう。『太平記』がそれらの人々を皮肉を交えて描写している筆致には、人を惹きつけるものがある。

新田義貞の鎌倉攻めのときの例を挙げよう。義貞は上野で北条氏討伐の兵を挙げ、諸所の合戦に打ち勝って、極楽寺の切通、巨福呂《こぶくろ》坂、仮粧《けわい》坂の三方から鎌倉に進入する。鎌倉はもはや袋の鼠となり、活路を開く道もない。時に北条方の勇士島津四郎は大力の聞こえがあって、器量・骨柄《こつがら》人にすぐれていたので、大事に役に立つ者と思われて、執事長崎入道の烏帽子《えぼしご》子にして、これまでもわざと高時の本営のそばにおかれていた。しかし今や浜手の防ぎも破られて、新田勢は若宮大路まで攻め入って来たので、高時は島津を呼びよせ、自ら酌を取って酒を進め、関東無双の名馬白浪というのに白鞍をおいて賜わった。これを見る人羨ましがらぬ者はない。

島津は門前からこの馬にひたと乗って、由比の浜の浦風に、濃い紅の大笠符《おおかさじるし》を吹きそらさせ、七つ道具を取りつけて、あたりを払って馳せ向う。人びとは、まことに一騎当千の兵《つわもの》よ、これまで執事が重恩を与えて傍若無人の振舞をさせたのも、もっともだと、成り行きを見まもる。新田勢も大力の覚

えを取った荒者たちがよき敵来れと待つ所に、島津は案に相違して、新田勢の前で馬から降《お》り、冑をぬいで、しずしずと身づくろいし、あっさりと降参してしまった。これを降人の始めとして、投降する者相つぐ有様であったという。花々しい勇士の描写から、一転降参への結末は、アイロニーに充ち満ちていて、いかに頼りになりそうに思われても、実は頼りにならなかった、この時代の人情のはかなさを象徴する物語である。

北条の一族、塩田陸奥入道道祐と子息民部大輔俊時は、共に自害を覚悟して、まず子息が先に切腹する。親は子の菩提を祈り、わが逆修《ぎやくしゆ》にも備えようと、法華経を読み、郎等共に経を読み終えるまで、防《ふせ》矢《ぎや》を射よと命ずる。郎等のうち狩野五郎重光は、長年近く召し使った者なので、われ腹切っての ち屋形に火をかけて、敵に首を取らすなと言い含め、ただひとり傍に留めおく。法華経五の巻の提婆《だいば》品《ほん》の終りの頃、重光は門前に走り出て、四方を見るまねをして、防失した者みな討たれて、敵が近づきました、早く御自害をと勧めて、切腹させる。重光は遺言を実行するかと思いの外、主人二人の鎧、太刀を剝ぎ、家中の財宝をも集めて、中間《ちゆうげん》、下部《しもべ》に持たせて、円覚寺の蔵主寮《ぞうすりよう》に隠れこんだ。その財宝を持てば、一生不自由はしない程であったが、天罰はのがれ難い、押しかけた舟田入道に召し捕られて、首を刎ねられたという。重代の郎等までが、このような背恩行為を平然と行う時代であったのである。

こうした武士の間にあって、楠木正成、新田義貞、名和長年らの後醍醐天皇への献身の行為は光っ

ている。『太平記』がこれらの人に讃辞を惜しまず、とくに正成については、

智仁勇の三徳を兼ねて、死を善道に守るは、古より今に至る迄、正成程の者は未だ無かりつるに、

といっているのは、過褒の言ではない。

神皇正統記・梅松論

南北朝時代に出た史書は、種類からいえば、忠実に鎌倉時代のそれを継承している。『今鏡』『水鏡』の流れを汲むものは『増鏡』であり、『平家物語』の亜流は『太平記』であり、『愚管抄』の跡に続くものは『神皇正統記』である。『愚管抄』と『神皇正統記』は、仮名交り文で日本歴史を大観し、独自の歴史解釈を展開し、時の経世論にまで及んだ点において通じるものがあるが、著者の立場や歴史観は対蹠的に相違する。

『神皇正統記』は南朝の忠臣北畠親房が、延元四年（一三三九）常陸の小田城で執筆したものである。そのことは、この書の諸本に見える奥書によって明瞭である。

此の記は去る延元四年秋、或る童蒙に示さんがために老筆を馳する所なり。旅宿の間、一巻の文書をも蓄へず。纔に最略の皇代記を尋ね得て、かつ篇目にまかせ、ほぼ子細を勒《しる》し訖《おわ》んぬ。その後再び見ること能はず。已に五稔《ねん》に及ぶ。図らずも展転書写するの輩ありと云々。驚いて披見する処、錯乱多端なり。癸未秋七月聊か修治を加ふ。此を以て本となすべし。以前披見の人、嘲哢することなからんのみ。

この奥書は本書成立についての重要ないくつかの事実を語るが、初稿本の成立は延元四年（一三三九）であり、五年後（癸未興国四年、一三四三）に修治を加えた再訂本が今の流布本だという事実はその一つである。その修治を加えたのは、著者の思いもかけず、著作直後からこの書が展転書写せられ、その間に誤りが生じたというのであり、恐らくは南朝方の公家や武士の心の支えとして、彼らの間に流布したのであろう。

この書の初稿本を著わした延元四年は、南北朝が対立してから四年目に当り、南朝は非常な危機に瀕した時である。前年延元三年には、陸奥から西上した北畠顕家が和泉の石津で高師直《こうのもろなお》と戦って討死し、新田義貞も越前藤島に戦死し、楠木正成亡きあと南朝の力と頼む将軍たちは相ついで倒れた。その顕家に代って北畠親房・顕信が、義良《のりよし》親王を奉じて陸奥を目ざして伊勢から海上に出たが、颶風にあって難船し、親王たちは伊勢に押し戻され、親房は常陸に着き、同国小田城にあって、敵軍に対峙するという時である。しかも四年八月には後醍醐天皇が崩御し、義良親王が十二歳の幼少をもって践《せん》祚《そ》したのである。こうした危機に当って執筆したこの書には、著者の胸中の血を吐くような苦しさと、それを克服しようとする気魄とが、至る所ににじみ出ている。後醍醐天皇の条の終りに、

此君聖運ましましかば、百七十余年中たえにし一統の天下をしらせ給ひて、御目の前にて日嗣をさだめさせたまひぬ。功もなく徳もなき輩、世におこりて、四とせあまりがほど宸襟をなやまし、御世をすぐさせ給ひぬれば、御怨念《おんねん》のすゝむなしく侍りなんや。今の御門《みかど》又天照大神より此かたの正統をうけましましぬれば、此御光にあらそひたてまつるものやあるべき。中々かくてし

づまるべき時の運とぞおぼえ侍る。

と、苦しさの中にも前途に光明を認めている。

さて、これに関連して、奥書はなお重要な問題を提起する。本書執筆の対象として「或る童蒙に示さんがため」とある童蒙は、誰を指すかということである。古くからこれは新帝後村上天皇を指すのであって、この書は新帝に対する帝王学の教科書的な意味をもつものと解せられてきた。しかし、いかに言葉のあやとはいえ、忠臣親房が新帝を童蒙というであろうか。そこで松本新八郎氏は、これは常陸にあって去就を決しかねていた結城親朝であろうという新説を出した。しかし本書の重要な内容をなす帝道論や政治説は一地方武士には不要であるし、年齢を考えても親朝は童蒙というには当るまい。

我妻建治氏はこれは、易の蒙卦の象、六五の童蒙を取ったもので、君主に当る。そして九二は蒙を啓発する力をもつが、位からいえば臣下に当る。親房は六五の童蒙を新帝に見立て、九二を自分に当てて、この語を用いたのであろうとした。この説は童蒙という語に対するわれわれの漠然たる危惧を打ち破るのに、きわめて有力な援護となるが、別に歴史上にも童蒙を天皇に用いた例がある。

それは藤原範兼作の『和歌童蒙抄』が二条天皇のために進められたという事実である。これは太田晶二郎氏が尊経閣所蔵の『桑華書志』所載の『古蹟歌書目録』によって明らかにした所である。二条天皇は永万元年（一一六五）二十三歳で崩じたから、これを天皇に上《たてまつ》ったのは、天皇の少年時代であろう。『童蒙抄』の図書寮本の奥書には「仁平以往撰する所なり」とある由であるが、仁平元年（一一五一）に天皇は九歳である。いずれにしても、天皇に上った書に童蒙を題している所は、童蒙を今日の人の語感のように解していないことを証する。『正統記』の童蒙を後村上天皇として一向差支えない証拠が、今はこのように強められたのである。

次に奥書はこの書の材料について、旅宿の間、一巻の文書も持っていない。わずかに最略の皇代記を尋ね得て、その篇目にまかせて、子細を記したという。皇代記だけで『正統記』を書いたというのは、いかに記憶力のよい親房でも果してこれを成し得たであろうか。平田俊春氏はこの問題を究明して、神代史の部分は、親房の著わした『元元集』を材料としており、インドの開闢説の条は、宋の志磐の著わした『仏祖統紀』によっており、近い時代は『保元物語』『平治物語』『今鏡』などによっている。親房は恐らく前から書いていた『元元集』や『職原抄』の草稿、その他諸書の書抜類を携えていて、『正統記』を著わしたのであろうという。だから一巻の文書をも蓄えずというのは、ある意味では正しく、ある意味では言い過ぎである。それに同じくかれの著わした『職原抄』の奥書にも、

予、俗塵を出でてより已に十年の寒暑を移す。況んや逆旅にあつて、一巻の文書をも蓄へず。事ごとに荒忽、恰も瓫《ほとぎ》を蒙るが如し。

と、一巻の文書をも蓄えずの句がある。『職原抄』も、記憶だけで書かれたとは思われない。一巻の文書云々は親房の常套の書法として、文字通りに解すべきではあるまい。

次に唯一の参考書とされた皇代記はどんなものであったか。皇代記・年代記の類は中世にはたくさん存在したが、親房の見たらしい皇代記を今それと的確につきとめることはできない。これについても平田氏が熱心に研究して『帝王編年記』の基になった皇代記が、親房が利用したものに一ばん近いと推定している。

成立の問題に多くの筆を費したが、この書に現れた歴史思想の特色を挙げることの方が、より大切である。その特色の第一は、歴史の動力を人心の正邪曲直すなわち道徳におくこと、国家の治乱興亡、個人の繁栄など、すべて道徳の守られるか否かによるとする、いわば道徳史観ともいうべきものが強調せられていることである。本書著作の大目的である皇統は正理によって受けつがれるということも、その正理は何かといえば、結局は天皇の有徳に帰するのである。

もっとも、これについて著者の思想には多少の混乱があり、一応正理の第一は正嫡にありとする。すなわち皇位は皇長子に伝えられるのが正理であるという。しかし歴史事実を見れば、必ずしも皇長子のみに皇位は伝わらない。兄弟の相つぐこと、傍系から入ってつぐ場合もある。著者はそれらの場合を必ずしも否定はしない。先帝の正しい譲りを受けられたならば、それで宜しい。また、その君が学問に励み、徳行を磨き、徳政を行うならば、正理に叶うのである。従って嵯峨天皇と淳和天皇兄弟の間に皇位の授受のあったこと、淳和天皇の皇子恒世親王を次に太子に立てたのを親王が辞退したことなども、末代までの美談であると讃辞を呈する。

人の善悪は身づからの果報なり。世のやすからざるは時の災難なり。天道も神明もいかにともせぬことなれど、邪なるものは久しからずしてほろび、みだれたる世も正にかへるは古今の理なり。是をよくわきまへ知るを稽古といふ。

言語は君子の枢機なりといへり。あからさまにも君をないがしろにし、人におごる事はあるべからぬ事にこそ。さきにしるし侍りしごとく、かたき氷は霜をふむよりいたるならひなれば、乱臣賊子といふものは、其はじめ心言葉をつゝしまざるより出《いで》くるなり。世の中のおとろふると申は、日月の光のかはるにもあらず。草木の色のあらたまるにもあらじ。人の心のあしく成行を末世とはいへるにや。

いずれも後醍醐天皇の条に述べた著者の感慨であるが。世の乱れを人心の悪くなり行くこと、その初めは言葉を慎まないことに求めていることは、道徳史観の面目躍如たるものがある。君も天下を治めるには道徳を守らねばならぬ。

天日嗣は御譲《おんゆずり》にまかせ正統にかへらせ給ふにとりて用意あるべき事の侍るなり。神は人をやすくするを本誓とす。天下の万民はみな神物也。君は導くましませど一人をたのしましめ、万民をくるしむる事は天もゆるさず、神もさいはひせぬいはれなれば、政の可否にしたがひて御運の通塞《つうそく》はあるべしとぞおぼえ侍る。（後嵯峨院条）

およそ政道と云事は所々にしるし侍れど、正直慈悲を本として、決断の力あるべきなり。是天照大神のあきらかなる御をしへなり。決断と云にとりてあまたの道あり。一には其人を撰びて官に任ず。官に其人ある時は、君は垂拱《すいきょう》してましまず。されば本朝にも異朝にも是を治世の本とす。（後醍醐天皇条）

これらは新帝への心得として述べていることは明白で、親房の学識経験よりほとばしり出た帝王学である。この点は経世論に近くなるが、本書の実質は、神代から皇統は正理によって相承して来た次第を、歴代天皇の事績を挙げて証明した所にあり、天皇史論とも称すべきであろう。著者が『愚管抄』などで強調された末法観・下降史観にとらわれず、あくまで宝祚の無窮を信じ、皇統で正理によって継承せられ、今は衰えていても、やがて花咲く春を迎えるという確乎たる信念を述べているのは驚嘆すべき事実といわねばならぬ。

『太平記』と『神皇正統記』が南朝支持の立場に立つのに対し、明らかに足利方の旗印を掲げた書物として『梅松論』について、一言触れる要があろう。これは物語風歴史の手法に従って、ある年の二月二十五日北野の神宮寺毘沙門堂に参籠した人々の中の老僧が、聞き知った昔語りをするという趣向になっている。書名の『梅松論』は、北野にちなんで、足利将軍の栄華が梅と共に開け、子孫の長久は松と徳を等しくすべしということを祝って名づけられたもので、書名にまで足利氏の栄えを寓したものである。

叙述の範囲は、日本における将軍の沿革を述べて、鎌倉将軍の時代を概観し、元弘の乱、中興の政治、その失敗から、建武四年（一三三七）三月、新田義貞の金崎落城までであり、そのあとに尊氏の性行、事績などをまとめて記している。

筆者は明らかでないが、足利方の者であることは、尊氏を将軍といい、直義を下御所といい、その言動を一々敬語をもって記していることで明らかである。また記述の時は近頃の研究では、正平七年（一三五二）が上限であり、嘉慶年間（一三八七―八八）が下限であろうという。

本書の尊氏讃美は、夢窓国師が談義のついでに語ったという、次のような事実に尽されている。第一は心剛《こころごう》で、合戦の間身命を捨てるような時に及んでも、笑みを含んで恐れる様子がない。第二は慈悲天性で、人を悪むことを知らず、多く怨敵を宥すこと一子のようである。第三に心広大で物惜しみの気がなく、金銀土石を等しく思い、武具、馬以下の物を人々に賜うのに、誰かれの区別をしない。末代にありがたき将軍だというのである。

これは少し過褒の言といわねばならぬ。人を憎むことを知らないなどということは、書中の事実によってても反証があげられるくらいである。

むしろ、人を憎まないという心は『梅松論』の著者に対して与えてよいと私は考える。著者は足利氏の立場を正当化する叙述をするが、後醍醐天皇を直接非難するような言辞は、いささかも記していない。天皇の北条討伐を是認し、建武中興を「目出《めで》たかりし善政なり」とたたえ、尊氏が建武二年（一三三五）の謀反にさいしても、「いつの世、いつの時なりとも、君の御芳志をわすれ奉るべきにあらざれば」と、天皇に思慕をよせていたことを記している。

従って楠木・新田などの武将に対しても、その武勇、忠節を讃美する。正成については、湊川の戦いにさいし、かねての進言が君に取り入れられなかったので、

しかる間、正成存命無益なり。最前に命を落《おとす》べきよし申切《もうしきり》たり。最後の振舞符合しければ、まことに賢才武略の勇士とも、かやうの者をや申すべしとて、敵も御方《みかた》もおしまぬ人ぞなかりける。

といい、義貞についていては、尊氏討伐に関東に下り、箱根の戦いに敗れて西上するさい、天竜川に船橋をかけて軍勢を渡したが、軍兵たちはこの橋を切り落とそうとしたのに、義貞は立腹して、これを止めた。敗軍の我らさえかけた橋は、いかに切り落としても、勝ちにのった東士がかけ換えることは容易である。そんな橋を切り落として、敵に急に襲われまいと、あわてふためいたな、といわれるのは、末代までの恥辱である。よく橋を警固せよといって静かに渡った。

是を聞く人々皆涙をながして、弓矢の家に生れば、だれもかくこそあるべけれ。疑なき名将にて御座ありけりとて、義貞を感じ申さぬ人ぞなかりける。

という。

この川渡りのことは、『太平記』にもあるが、義貞のかような配慮のことには触れていない。これらを見ると、著者は公平に是を是とする立場にあり、一方的な偏見や憎悪に執していない。篇中を貫く精神は、足利将軍というよりも、それを超えた、より高い次元にある武士の精神や働きを讃美する

所にあるように思われる。

義貞のその時の東下にさいし、敗れたのは大友左近将監が、伊豆佐野山で寝返りして、尊氏方に加わったためだと考えた結城親光は、後醍醐天皇の山門臨幸のとき、御輿の前に畏まって、大友と討ちがえて、死を以て忠を致すべしと申し上げた。そして大友が東寺の南大門に出て来た所を偽って降参の由を述べ、打ちつれて行く間に、すきを見て大友を襲った。大友は目の上を横ざまに斬られたが、屈せず、親光を討って、その頸を尊氏の前に持参した。しかし深手の大友は翌日に死ぬ。

これについて著者は親光の忠節を二回にわたってほめたたえる。

まことに、忠臣の儀をあらはしければ、みる人は申に及ばず、聞伝ける類《ともがら》までも讃めぬ者こそなかりけれ。

親光が忠節をつくしける最後の振舞、むかしも今もありがたくぞおぼえし。

大友に対しても、

敵だしぬく所にて心早く打合ひて、即時に討取、其身も将軍の御ために命をすてける振舞、たとへていはん方ぞなかりける。

と評する。

親光が死を覚悟して裏切者を斬った忠誠心、大友が重傷を負いながら、敵を倒した剛毅の振舞は、いずれも著者の讃える所である。こうした積極果敢な行動こそ武士の身上であり、武士が独自のモラルを向上させ、それに強い自信をもって行く過程がうかがわれる。武士の生活の記録として、また処世の教訓として、この後も多くの軍記物語が出現するようになって行く事情は、ここにあるのであろう。

本朝通鑑

室町時代にも史書はいろいろ著わされた。中にも相国寺の僧瑞谿周鳳《ずいけいしゆうほう》の著である『善隣国宝記』は、日本の外交史を大観したもので、書中に今は失われた貴重な文献を含んでいる。戦乱の絶えまのない時代とて、『明徳記』『応仁記』などの軍記物語も次々に出現した。しかし、概していうと、これまでに挙げた史書に比べると、粒が小さいという感じがする。今はそれらを割愛し、一足跳びに江戸時代に入ろう。

江戸時代は学問復興の時代であった。長い間の戦乱も漸《ようや》く治まり、人々は平和と余暇を楽しむようになった。知識人はこぞって学問文芸の道に進んだ。これには江戸幕府の創始者徳川家康が学問を好み、公家衆に秘せられた古書・記録を提出させて、その副本を作ったり、朝鮮から伝わった活字を用いて、古書の出版を行ったりしたことが、大いに与《あずか》って力がある。馬上を以て天下は取ったが、天下を治めるには学問の力によらねばならぬというのが、かれの信条であった。

学問の中でも、かれはとくに歴史を好んだ。かれは藤原惺窩《せいか》から『貞観政要』『漢書』『十七史詳節』などの史書の講義を受けており、板坂卜斎の記す所によると、『論語』『中庸』『史記』『漢書』『六韜』『三略』『貞観政要』『延喜式』『吾妻鏡』などの書を好んだという。

家康に招かれ、その学問上の顧問となった林羅山も、歴史への関心が深かった。羅山が初めて家康に謁したのは、慶長十年（一六〇五）羅山二十三歳の時であるが、その時の家康の質問と羅山の答弁が振るっている。

家康は問う。光武の高祖における世系如何。傍に侍坐した清原秀賢、相国寺の承兌《しょうたい》・元佶《げんきつ》らの長老は返答ができない。羅山は即座に九世の孫でありますと答える。第二の質問は、漢武の返魂香《へんごんこう》は何書に出ているかである。羅山は答える。『史記』『漢書』はこれを記しません。『白氏文集新楽府』及び『東披詩注』にありますと。第三の質問は、蘭には品種が多い。屈原の愛した所は何か。答えは『朱文公注』によれば、沢蘭でありますと。家康は、若輩でよく記憶していると感心し、これより羅山を厚く信用するようになったという。三問ともに瑣末な歴史上の事実であり、近頃流行のクイズを思い起こさせるが、家康が歴史を好んだこと、羅山がその求めに応じ得たこと、大変興味ある挿話である。

家康の歴史好きを受けて、江戸幕府は公的な事業として、しばしば大規模な歴史編修を行った。その事業の歴史を概観すると、だいたい前期と後期とに分けられる。前期は寛永から貞享の頃まで、三代から五代将軍の時代、後期は寛政から嘉永の頃まで、十一代・十二代将軍の時代である。各期ともに厖大な史書のいくつかが作られたが、その前期を代表するものとしては、『本朝通鑑《ほんちょうつがん》』を挙げねばならぬ。

『本朝通鑑』は、神代から後陽成天皇までの日本の通史であり、その形式内容の整備している点では、さすがに近世初頭の学芸復興の時勢にそむかないものがある。編修の経過を述べると、事の起こりは三代将軍家光が正保元年（一六四四）林羅山に命じて国史を編修させたことにある。これより先、寛永十八年（一六四一）家光は羅山に命じて、大名から旗本・御家人に及ぶ家々の系図を編修させた。将軍が諸大名を統御する実力と権威とをしっかりと確立した時代だから、その実力を遠く過去にまで溯らせ、家々の由来を究め、紛争を正そうとしたものである。事業の衝にあたった者は羅山とその子春斎であり、諸家から呈出させた家譜について、真偽を弁じ、新旧を正し、漢字本仮名本二部合わせて三百七十二巻の大著を寛永二十年（一六四三）完成した。『寛永諸家系図伝』と称せられるものはこれである。

この系図伝の編修に並行して、寛永十八年に羅山はまた『本朝神代帝王系図』『鎌倉将軍譜』『京都将軍譜』『織田信長譜』『豊臣秀吉譜』などの編修をも命ぜられている。幕府を中心とする諸家の系譜に関心をもてば、やがてその過去に続く武家や公家の系譜にも関心をもたざるを得なかったのであろう。幕府が日本の通史編修の挙を取り上げたのは、幕府政治には直接関係はないように見えるが、幕府出現の正当性を述べるには、背後に負うた長い歴史的経過を辿ることが必要であり、また歴史をもって治政の参考、人倫の規範とする立場に立てば、太古以来の国の歴史もみずからの歴史と同じ価値をもつものと考えられたからであろう。

羅山が幕命を受けて編修した国史は『本朝編年録』と題して正保年中に神武天皇から宇多天皇まで

を四十巻にまとめて献上された。これらの時代は光孝天皇までは、六国史があるから、それにより繁を削り要を採り、多少加え補う所があって済んだが、宇多天皇については、別に尾張の徳川義直の求めで作った『宇多天皇実録』を用いたという。醍醐天皇以後は史料の欠乏に苦しみ、羅山自身も病気がちとなり、しばらく筆を擱《お》いて後命を待った。その後明暦三年（一六五七）江戸城は火災にかかり、『編年録』も烏有に帰した。羅山が幕府から賜わった銅瓦の文庫もまた罹災し、羅山自慢の一万余巻の和漢の書も焼けたので、羅山は落胆し、数日で逝去した。

羅山には四男があり、長男次男は早世し、第三男恕（春斎・鵞峯）・第四男靖（春徳・読耕斎）が家業を受けて造詣深く、『編年録』も実はこの二子が草稿を作ったのである。『読耕林子年譜』によると、神武天皇から持統天皇までは恕が草し、文武天皇から桓武天皇までは靖が草したとある。そしてその靖も万治四年（寛文元年、一六六一）三十八歳で病死した。

春斎の待ち望んだ国史続修の幕命は、その翌寛文二年（一六六二）十月林家に下った。老中酒井忠清が四代将軍家綱の命として春斎に伝えたことは、『本朝編年録』が、宇多天皇で終っていることは残念だから、延喜以後を補って献上せよということであった。かれは直ちに編修条目数十件を陳上したが、幕府は事繁く、それについての裁断はなかなか下されなかった。漸く裁断が下って編修の仕事に着手したのは寛文四年（一六六四）秋である。事業の奉行となったのは永井尚庸であり、長寮を林家の別墅《べっしょ》のあった忍ガ岡に設けて編修の所とし、春斎の二子春信・春常と門生人見友元・坂井伯元らが編修を分担し、下に従う書生十人という程の小規模な組織であった。これは春斎が希望した人員よりはるかに少ない。八月二十一日城中で老中列座の前で、春斎は言った。系図伝編修の時は、事に預る者三十余人、写字生三十余人でありました。この度の仕事はそれよりも大きいのに、人員は半ばにも及びません。これはまさに寡兵を以て堅城を攻めるようなものであります。私の精力はここに尽き果てるでありましょう。もし幸いに成功したならば官家の余光でありますと。忠清は戯言として咎めなかったが、列座の人々は春斎の気の強さに顔を見合わせた。翌日春斎は忠清を私邸に訪い、非礼を謝した。忠清は改めてこの業の成功するか否かを尋ねた。春斎は私の命が終らなかったならば、遅速の異はあっても必ず成しとげます。いま人員を増すことを願ったのは、速く成就しようと思ったからであります。もしおそきを咎められなければ、労を厭うものではありません。公議は決したのですから、私は何も申しませんと、意気軒昂たる所を示した。忠清は我れ必ず汝を捨てず、思い煩うことなかれと、励ました。

十月二十日老中の議によって『編年録』の名は『本朝通鑑』と改めることになった。宋の『資治通鑑』、朝鮮の『東国通鑑』の例もあるから、わが国の史を『本朝通鑑』と称するは可である。先父は謙遜して仮に編年録と号したが、官議によって通鑑の名を賜わったのは、先父の志であると春斎は喜んだ。

春斎は初めこのように完成の時のおくれることを恐れたが、仕事の進捗は意外に早く、寛文十年

（一六七〇）その脱稿を見た。正編四十巻（神武天皇─宇多天皇）、続編二百三十巻（醍醐天皇─後陽成天皇）、前編三巻（神代）、提要三十巻、附録五巻、首二巻、合わせて三百十巻である。正編の部分も『編年録』そのままではなく、かなり訂正を施している上に、新たに二百七十巻の稿を起こしたのであるから、これを六年で完成したのは、すばらしい速さである。まだ戦国武将の気力が史臣の間にも残っていて編修に死力を尽したからであろう。

編修場の執務規則は老中の議定する所として奉行より示され、壁に貼って衆に示した。執務時間は辰の後刻（九時）から申の刻（四時）まで。毎月五ヵ日の休暇。官本はもちろん、他方より呈した所の旧記は損してはならない。私に写してはならない。満座意に協《かな》わないことがあってもこの席において口論してはならない。諸事弘文院（春斎）の指揮に従うべしという五ヵ条で、当然のことばかりである。執務の日や時間は厳守したようで、春斎もたとい重臣の招きでも、休日でなければ赴かず。編修員は貴顕が来ても、迎えず送らず、座を立たず、筆を手から離すことはなかった。

編修の経過に筆を費し過ぎて、肝心の内容に触れる余裕がなくなったが、大体のことは『本朝通鑑』凡例に見えている。いまその数条を示そう。

毎歳某年の上に干支を横書す。朱子綱目の例に倣ふ。而して記事の法は聊か温公治鑑の体に模す。寿永・元暦東西に二帝あり。暦応より明徳に至る南北両統、是れ本朝の大変なり。是れ亦妄りに正偏を決すべきにあらず。故に聊か微意を各篇に寓するのみ。

安和以来治暦に至る、国政多く藤氏より出づ、延久より久寿に至る、多くは上皇の政なり。保元以後政権武家に移る。こは是れ時勢の変なり。事に拠りて直書すれば、義自《おのずか》ら見《あら》はる。而して勧懲の意亦その中にあり。

事に拠りて直書すれば、義自ら見わるという語は、古くは『左伝』の杜預の序や、『朱子語類』に見え、『資治通鑑』編修の精神でもあった。わが近世の史書もみなこれを標榜したのであり、『本朝通鑑』はそれを忠実に履行した初例として位置づけてよかろう。

事に拠りて直書すれば、義自ら見わるというのは、『春秋』や『通鑑綱目』のように、一字一字に褒貶の意をもたせて、道義的批判を辞句の上に明白に表わすという書法は執らないということを言ったものであるが、道義的批判の精神を没却したわけではない。確かに事実を直書するのであるが、それがおのずから道義的批判の効果をもつに至ることを期待するのである。従って事実の選択に意が用いられる。凡例に「忠臣孝子貞女は微賤と雖も漏らさず」とか、「朝敵逆臣その始末は悉く之を記す。而して叛乱の罪自《おのずか》ら現はる」といっているのを見れば、内にこめられた道義的批判への志向の強さが察せられる。そこには古来かわらない史に対する期待、経の原理を説明する具体的な拠り所としての史、人生や政治の鑑戒としての史に対する要望がある。

このような儒教主義、名分観に立つ歴史としては、最も取扱いに苦慮するのは、寿永・元暦のさいや、南北朝のように、一時に二帝のあった場合である。凡例にも、妄りに正偏を決すべきに非ずと述べていることは前に挙げたが、その辺の事情をもう少し詳しく記すと、『国史館日録』寛文四年（一六六四）十一月二十八日の条に興味ある記事が見える。なお『国史館日録』とは、春斎が『通鑑』編修場に国史館の扁額を掲げ、編修の経過、人々の出入り等を詳しく記した日記であって、貴重な根本史料である。

十一月二十八日、春斎は招きによって徳川光圀を訪い、『通鑑』編修のことにつき意見を交わしたとき、光圀はこの二つの場合（寿永・元暦と南北朝）正統はいずれにあると見るべきかと質問した。春斎は、これらは本朝の大事である。先父はかつて大友皇子、天武天皇の事については思う所があったが、上覧の書としては遠慮なきにあらず。故に大友皇子を帝とはしない。唯叛臣の例には准じなかった。馬子の弑逆については、廐戸皇子もその罪を遁れることはできない。先父はそこで廐戸、天皇を弑すと記すべきであると考え、その意見は、文集に見えている。けれども上覧の書においては、則ち意の如くすることができなかった。

今某《それがし》も同じである。曽て私に治承以来百余年の歴史を修した時には、安徳天皇は崩御まで正統とし、後鳥羽天皇の元暦の年号を分注として記した。南北朝の事については、まだ考えがきまらない。皇統が二流に分かれた本《もと》は、光厳・光明は嫡流であり、後醍醐は庶流である。しかし光厳・光明の即位は賊臣の意に出ている。今この書で妄りに今の帝王の祖をもって僭であり、南朝が正であるとしたならば、書物ができて後、朝議はどうされるかわからない。公命を蒙らねば私議し難い所である。老中達が君侯（光圀）のように和漢の先例を知るならば、私も亦口を開こうと思うが、今このような事で妄りに権臣と相談すれば、此の度の編修事業は半途で廃止せられるかもしれない。幸いに命をうけて七百年来の治乱興亡の事実を後世に残そうと思うが、筆誅厳厲の事においては、未だ大いに快とすることはできない。けれども書物が出来て君侯のような方《かた》が見たならば、或いは某の微意のある所を知るであろうかと、春斎は答えた。

この問答によって、早くから春斎が皇統の問題について苦心したことが知られるが、この書が官撰の書であるということのためにかなり多くの束縛を感じていたことがわかる。公命がなければ私議することはできないという顧慮は、君主の権威の前に史筆を屈するものであり、史筆の純粋性のために惜しまれるが、史官である以上に幕臣たる要素を強く意識した春斎の立場も、考慮してやる必要があろう。

もっともその際、この書が幕府のために筆を曲げることのあるのはもっともだが、いま問題とするのは皇統の正閏であるから、幕府の立場でそんなに神経を使う要はあるまいと思う人もあろう。しかしそれは対立史観にならされた現代人の考えである。『本朝通鑑』は、幕府において編修せられたが、それはあくまで日本国の歴史であることを庶幾している。日本国の歴史である以上、その主権者と考えられた天皇の地位や正統性を重視するのであり、その私議を憚るのは、将軍も幕臣も天皇には臣下であるとする観念が根柢にあったためと見るべきであろう。

その問題の点を、『通鑑』ではどう取り扱っているか。史実は寿永二年（一一八三）七月平家が安徳天皇を奉じて西国に出奔したので、同年八月後白河法皇の詔によって、高倉天皇第四の皇子尊成親王が践祚し、翌三年を元暦と改元し、即位の礼を行った。これが後鳥羽天皇である。ここで両帝があることになったが、『通鑑』は寿永三年の巻を「安徳天皇八、後鳥羽天皇一」と横に並書し、寿永三年・元暦元年の両年号を併記し、本文中には安徳天皇を先帝、後鳥羽天皇を新帝とし、この形を安徳天皇の崩御まで続ける。後醍醐天皇の条もこの様式で、元弘元年（一三三一）から三年までは光厳天皇を、延元二年（一三三七）から四年までは光明天皇を、後醍醐天皇の次に並記するが、後村上天皇の時からは、順序をかえ、光明天皇を先に記して後村上天皇を後にし、南朝の興国元年は暦応三年の下に小さく記している。これについては、後醍醐天皇には譲位の意志がなかったから、天皇一代の間は正統が後醍醐天皇であることは明らかである。後村上天皇になっては都鄙の弁がなければならない。いわんや北朝の皇統は伝えられて今日に至っている。そこで北朝を正統とし、南朝をつけたりとすると論じている。両天皇を併記する仕方は、いずれも皇統に出て、皇位に即いたという現実の事態を重んじた穏かな学問的態度と思われるし、後醍醐天皇に譲位の意志がなかったという理由で、正統としたのも正しい歴史解釈であるが、後村上天皇から都鄙の弁と現在の皇統という全く別の基準をもってきて、それまでの正閏観を逆にしたのは、論理の一貫性を欠いている。

壬申の乱の条は、天智天皇の巻に収め、天武天皇の御代は白鳳二年癸酉から始め、壬申の終りに注して、『日本紀』は此の年を天武紀にかけるが、大友皇子が朝にあって儲君であった。天命はとげないけれども、その正統たることは明らかであると、大友皇子の即位は認めないが、壬申を天武天皇にかけた『書紀』の書法は否定して、『大日本史』の書法の先駆といってよい見方を示している。

次にこの書については、古来問題とされている一事がある。それはわが皇統が呉の太伯に出るという説を本書が載せたという事件である。それは水戸の『大日本史』の『修史始末』に、安藤為章が著わした『年山紀聞《ねんざんきぶん》』を引いていう所である。四代将軍のときに、光圀が尾張の光友、紀伊の光貞らと江戸城に会したさい、老中が『本朝通鑑』を持ってきて、その版行の命を下したという旨を告げた。光圀はその一、二巻を見たところ、本朝の始祖は呉の太伯の胤であると書いてあったので大いに驚き、これでは醜を万代に残すものである。早く林家に命じて、この説を削らすべきであるといい、尾・紀の二人もこれに従い、版行の事はやんだという。

これに対し明治時代日下《くさか》寛氏が疑問を抱き、今の『通鑑』には呉の太伯の胤ということは見えていない。また羅山・春斎の私の論には、太伯説に賛成したような所もあるが、『通鑑』には明らかにその説は取らないと明言し、公私の別を考えているのであるから、『年山紀聞』の説は『通鑑』の冤罪であると論じた。

これに対し諸家の反論も出たが、私は日下氏の説に賛成する。前にも述べたように、林家が『通鑑』編修を官事とし、多少でも皇統に問題のある所は、私議を控えて公命を待とうとした態度からいって、どうして最も重大な始祖の問題を軽々しく断定して太伯説を主張しよう。『紀聞』の説は誤聞であるか、林家を誹謗しようとする造意の言かである。

わが国の始祖を呉の太伯の後とするのは、『晋書』以下の中国の史書に見えることであり、これによってわが知識人の間にもその説は行われたのである。太伯は周の古公亶父《ここうたんぽ》の長子であるが、国を第三子季歴《きれき》に譲って荆蛮に遁れ、断髪文身して夷狄に混じたのであり、孔子からも至徳と言われた人である。恐らく断髪文身の風が倭人の風俗として中国に伝えられたものと同じである所から、太伯の後という附会は生じたのであろう。

暦応四年（一三四一）建仁寺の僧中巌円月は、日本の歴史を撰し、書中わが国の始祖を呉の太伯の後とした。朝議はこれを嫌って、その書の流布を止《とど》めた。一条兼良《かねら》もその著書の『日本書紀纂疏』にこれに言及し、わが国号の一つとして姫氏国の名があり、太伯の後であるから周王室の姓を取り姫氏国と名づけるという説がある。しかしわが国は天神の苗裔であるから、太伯の後であるはずはない。これは附会の言であると述べている。

このように、この問題は漢籍に親しむことが深く、国史にも関心をもった学者は一応考えるべき問題であったのである。羅山もこれを論じた文が文集中に残っている。神武天皇論という論文では、円月を紹介し、円月説を敷衍する問答を載せているが、それには疑義の存することを認め、最後に私撰の書と官撰の書とでは態度を別にすべきことを述べている。太伯という論文では、明白に始祖反対論を打ち出している。この二つの論文を見れば、羅山は私論としても太伯説を信じていたとはいわれない。

これを受けて春斎も『本朝通鑑』前編の終りに、編修の態度を述べて、

『日本書紀』を以て正となし、『旧事紀』『古事記』を参校し、同異を弁じ、繁冗を削り、以て之を低書す。粗ぼ『倭姫世紀』『古語拾遺』『元元集』をその間に加ふ。聊か『劉氏外紀』『金史前編』の例に倣って、神武紀首に附く。以て神国の宗源を尋ね、皇胤の正統を崇《あが》む。もしそれ少康、泰伯の事は則ち異域の伝称する所、今は取らず。

と、明白に太伯説を取らないと言っている。『通鑑』が太伯始祖説をとったという誤りは、これで明らかであると思う。

大日本史

近世歴史書の双璧として、『本朝通鑑』と共に、ぜひ挙げなければならぬものは『大日本史』である。それは近世史学の到達した一つの頂点を示すものであり、明治維新を成就した精神的な拠り所の一つでもあったという意味で、後世に与えた影響も看過し難いものがある。

両書は編修開始の時期がほぼ同じであり、共に宋の鑑戒史観の影響を受けている点で、外観は類似する所が多いが、内容では相違する所も少なしとしない。その異同を論ずることは興味ある問題であるが、まず徳川光圀がどうして歴史編修を企図したかの問題から始めよう。

これについては、光圀が正保二年（一六四五）十八歳の時、たまたま『史記』の伯夷伝を読んで、その高義を慕い、史筆によらねばどうして後人を観感させることができようかと発奮して、始めて修史の志を起こしたという説が行われる。それは正徳五年（一七一五）彰考館総裁大井広が藩侯綱条《つなえだ》の名において記した「大日本史叙」や、寛政九年（一七九七）十月藤田一正が著わした『修史始末』や、明治四十年（一九〇七）栗田勤の編述した『水藩修史事略』などのいう所で、水戸藩公認の起源説といってよい。

しかし、かりそめの「伯夷伝」の閲覧が、大規模な修史事業の発端になるというのは、どうも不自然な感がする。私のこの疑問に答えてくれるものは、光圀の没した明くる年元禄十四年（一七〇一）十二月、水藩の臣三木半左衛門、宮田半左衛門、牧野木工之助三人の連名で著わされた『桃源遺事』である。この書の終りには、

右は西山公（光圀）御一代の事共、逐一証拠を正し記し畢《おわ》んぬ。この書の外に種々様々の説を世に申ふらす者共、これありと雖も必ず以て信用すべからず。

と、光圀の事績の決定本だという自信をもって書かれたものである。

そこにいう所は、光圀が正保二年始めて『史記』の伯夷伝を読んで感じたことは事実であるが、それは光圀が兄の頼重をさしおいて世嗣に立ったことが、伯夷と叔斉との境遇に似たことに感じたことなのである。伯夷と叔斉は孤竹君の二子である。父は叔斉を立てようとしたが、叔斉は伯夷に譲り、伯夷は父の命であるといって逃げ去り、叔斉もまた立つことを承知しない。国人はやむを得ずその中子を立てたというのが『史記』のいう所である。そして光圀はこれに感じて、自分の跡は嫡家に譲る念を起こし、家督相続のときは、養子に兄頼重の子松千代を迎えることを条件とし、父頼房の跡を継いだのである。『桃源遺事』には「伯夷伝」を読んだことのあとに、

此頃迄は学文は御好なされず候が、今年より御学文精を出され候。

と続けている。正保二年は史書や学問に開眼した年ではあろうが、それを直ちに修史に結びつけたのは、明らかに後世の短絡的な想像である。正保二年頃から学問に励み、徐々に歴史編修の意図をもつ

ようになったのであり、それが表に現れたのは、明暦三年（一六五七）史局を駒込に開いた時としなければならぬ。

この明暦三年は江戸に大火があり、林羅山が編修した『本朝編年録』が江戸城で烏有に帰した年である。光圀の修史の直接の動機となったものは、この『編年録』の焼失であったのではあるまいか。寛文四年（一六六四）十一月二十八日、林春斎が光圀の邸を訪い、『通鑑』について議論を交わしたことは前に述べたが、その時光圀は、

我れも本朝史記を修せんと欲す。然れども年を歴て未だ成らず。請ふらくは道設、生順（いずれも水戸の史臣）らをして国史館に往き、通鑑編修の趣きを見せしめん。

と言っているから、この頃水戸の修史は行われてはいたが、進捗は思わしくなかったことが察せられる。

このように光圀は初めから林家編修の『本朝通鑑』を意識し、それよりもすぐれた国史を編修しようという意図をもっていたと思うが、寛文十二年（一六七二）史局を小石川に移し、『左伝』の杜預の序の「彰往考来」を採って彰考館と名づけ、いよいよ本格的に修史に力を注ぐようになったのが、『本朝通鑑』が完成して幕府に上《たてまつ》った寛文十年の二年後であることを思えば、光圀の意気ごみは明らかである。『本朝通鑑』何するものぞ。これこれの欠点があるではないか。自分の修史はそれを克服して真正の国史の精神を明らかにする所にあるといった自負がありありとうかがわれるように、私に

は思われる。

そのためにあらゆる点で『通鑑』にまさる方法を取った。まず史料の採訪である。『通鑑』編修の時に幕命で諸家の記録を提出させたが、十分には集まらず、古文書を利用することも少なかった。光圀は自らの力で史料の収集にのり出し、天和元年（一六八一）には、史臣の吉弘元常・佐々宗淳らを奈良にやって遺書を捜索させた。この採訪旅行は多く寺社の旧記を調べ、必要なものを抜き書きして集めて冊子とし、『南行雑録』と称した。つづいて『続南行雑録』、『又続《ゆうぞく》南行雑録』、『西行雑録』ができる程、史料の採訪は続けられ、収穫も多かった。

叙述の体裁としては、これまでの日本の史書で完全には一度も行われたことのない紀伝体を採った。その採用は光圀の方寸に出たものらしい。元禄九年（一六九六）に書かれた『重修紀伝義例』の後に、安積澹泊《あさかたんぱく》は、

編年は実録の祖にして、紀伝は諸史の帰《よるところ》なり。舎人親王日本書紀を撰してより以降、歴世因循、著して実録となす。紀といひ、志といひ、表といひ、伝といひ、帝王の徽猷《ぎゆう》を綜覈《そうかく》し、臣庶の行事を臚《ろ》列《れつ》し、治乱興廃、礼楽刑政、類聚群分、勧懲並び存し、粲然見るべき者は、実に我が西山公の創為する所にして、彰考館の由つて建つる所なり。


と記している。

寛文十二年彰考館を開いた時の『開彰考館記』（田中犀作）の中にも、

我が相公嘗て之を歎じ、館を別荘に構へ、儒臣に命じて広く載籍を稽《かんが》へしめ、上は神武より下は近世に訖《おわ》るまで、紀を作り伝を立て、班馬の遺風に倣《なら》ひ、以て倭史を撰ばしむること、玆に年あり。

と、すでに寛文十二年以前から紀伝体を採用したことを述べている。

つぎに記事の下に出典の史料名を一々挙げているのも本書の特色であり、『通鑑』のよくしなかったことである。古い史書では『扶桑略記』がよく出典を挙げているが、六国史は原則としてこれを挙げず、その他の史書も概ねそれに倣っている。『大日本史』が例外なく出典を挙げているのは、学問的にそれだけ進歩したものといえる。

『通鑑』に対して、独自の特色を打ち出した最も著しいものは、いわゆる三大特筆である。神功皇后を后妃伝に記し、大友皇子の即位を認めて大友天皇紀を立て、南朝を正統したことである。これは光圀の会心事とした所で先にあげた『桃源遺事』の中にも、

明暦三年丁酉二月廿七日より西山公日本の史を御撰初なされ候。神功皇后を后の列に御かゝせ、大友皇子を天子の並に御書せ、南朝を正統に御立被成候類、世上流布の書には古来より箇様には御座なく候。今此の如く御改なされ候。

というように、早くから世にもてはやされたことである。

三大特筆の第一、神功皇后を后妃伝に列したことは、今日からいえば当然のことのように思われる

が、もともと『日本書紀』が皇后摂政として、天皇と同様に一巻を立てているので、後続の史書は神功天皇と称したり、第十五代と天皇の代数に加えたりしており、『通鑑』も「本朝の女主ここに始まる」と記す。『大日本史』は、本紀は仲哀天皇から応神天皇に続け、皇后摂政時代は応神天皇の前紀として、干支で年紀を記し、年次を立てない形式にしたのである。確かに名分はこれで立つが、歴史事実を忠実に反映するという点では、『日本書紀』のような書法の中に取るべき所があるともいえる。

第二の大友皇子を本紀に立てたのは、『書紀』に対して正面から反対したものであり、『通鑑』のなそうとしてなし得なかったものを断行したものである。光圀はこの問題について舎人親王が父のために筆を曲げたという信念を持っていたらしい。『修史始末』によると、天和以前に、人見伝の撰んだ本紀の中にすでに大友本紀は立てられていたのである。しかし今日から見ると、この考証に及第点は与えられない。天智天皇の崩御後、近江朝廷に主なかるべからずという前提に立ち、『水鏡』『立坊次第』というような後世の薄弱な史料から即位を主張するのであるから、きわめて危い結論である。舎人親王が父のために筆を曲げたというのも、自分達と同じような形式的名分論を親王が持っていたと憶測するものであって、的はずれである。

第三の南朝を正統とすることも光圀の信念であったらしい。天和三年（一六八三）安積澹泊が始めて史館に入った時に示された紀伝は北朝五主を降して列伝に入れ、足利の党は悉く賊と書いてあったという。澹泊は中国ではこの書法でもよかろうが。日本のように皇統が一姓相承している所では穏当でないとし、五主を後小松天皇紀の首に帯書したという。水戸で南朝を正統としたという論拠は、神器の所在であった。澹泊の論賛には神器は霊物であるから、おのずから義の正しい所に帰するのであるという趣きが見えるが、こういう超越的議論になると、ついて行けなくなる。

『通鑑』との比較にかかわり過ぎたが、ここで『大日本史』編修の経過を概述しよう。彰考館開設後四十年、元禄十年（一六九七）神武天皇から後小松天皇に至る百王本紀ができたが、伝の方はなかなかできない。光圀は完成を見ずに元禄十三年没した。世子綱条が光圀の遺志を体して編修を督励し、正徳五年（一七一五）紀伝の脱稿を見た。享保五年（一七二〇）これを幕府に献じたが、志表の編修は困難をきわめた。明治三十九年（一九〇六）に至り、紀伝・志表併せて三百九十巻、目録五巻計四百二巻の大著が完成印刻された。熱し易くて永続きしないといわれる日本人が、着手以来二百五十年の年月を閲《けみ》して、この大著述を完成したことは、日本歴史上稀に見る文化事業の成功とたたえねばなるまい。

『大日本史』が編修に二百五十年の歳月を要したというのは、いかにも長すぎる。それは紀伝体という史書の体裁を執ったことが最大の理由であろう。紀伝はできても志表はできない。その紀伝も訂正に訂正を加えるという念の入れ方であり、紀伝出版の許しを幕府に得てからも、数十年間印刷に付せない状態であった。これは一つには優秀な学者を諸所から招聘したが、各自見識をもって議論に明け暮れ、一旦定めたことが覆えるという事情が重なったことも与って力があった。『本朝通鑑』が林春斎のもと、その二子、門人らの結束によって一糸乱れず遂行されたのとは、全く事情が違ったのである。

それでも光圀在世中は、草創の勢いにのり、仕事は順調に進んだ。天和三年（一六八三）彰考館に始めて総裁一人をおいた。総裁を選ぶのに光圀は館中諸子の意見をきくために、密封してその人を推挙させた。光圀もまた一人を選び、密封して出した。これを開くと、全員が一致して人見伝を推していた。こうして人見伝が第一代の総裁となった。

元禄元年（一六八八）かれは総裁を免ぜられ、小姓頭に転じ、寺社奉行を兼ねた。筆削の事に余りに心を労したので、暫く筆硯から遠ざかるようにという光圀の配慮によるものであった。代って総裁になったのは、吉弘元常・佐々宗淳の二人であった。二人は光圀に選ばれ、天和元年南都に行き遺書を捜索した人である。宗淳は通称を介三郎《すけさぶろう》と称した。講談になった水戸黄門漫遊記に出てくる助さん格さんの助さんはこの宗淳をモデルにしたものという。

元禄三年（一六九〇）光圀は隠居し、封を甥の綱条に譲った。そして「伯夷伝」に感じた所を実行したことで志願終れりとしたが、修史の事はまだ成功しないことを遺憾とし、綱条に、孝はこの志を継ぐより大なるはないと告げた。元禄九年（一六九六）佐々宗淳・中村顧言・安積覚（澹泊）らが相議して、紀伝義例を重修した。義例はすでにできていたけれど、編修を進めるに従って、改訂を加える必要が生じたためである。同十年百王本紀ができ上った。神武天皇から後小松天皇に至る百代である。十三年（一七〇〇）光圀は没した。時に七十三歳である。これより先綱条は、光圀が水戸郊外西山に居を移したため、史館編修局を水戸に移したが、十五年には水戸史館の人員の半ばを分けて、江戸邸に配置換えした。これから史館に水館・江館の二つができ、意志の疏通に事欠くことが生じたことは争えない。

正徳五年（一七一五）紀伝の命名のことが議せられた。江水両館試みにその名を挙げたが、江館は大日本史、水館は皇朝新史という案を出した。先の総裁酒泉弘がこれを綱条に進言し、大日本史の号を採ることにきめた。『修史始末』に、藤田一正は、光圀は未だかつて正式に書名を定めてはいない。それは深意があったからである。この大日本史の名は手続き上非難すべき所はないが、天下後世をして光圀がこの名を命じたように思わせるのは遺憾である。一正、近頃試みに書を水戸の同僚に致して反覆論難、頗る好弁の名を得たと記している。後に寛政九年（一七九七）一正はこの題号の議をむし返し、『大日本史』の名の四不可を論じているが、これはその伏線として述べたものである。肝心の題名がこの始末であるから、内容文章に至っては、後の改删《かいさん》論難推して知るべしといってよい。

紀伝の名が定まって、総裁大井広が綱条に代って『大日本史』の叙文を書いた。これは藤田一正も「今その文を誦するに、起こし得て凜然、気、風霜を挟む。質にして陋ならず、簡にして能く尽くす。実に大手筆なり。澹泊の老練と雖も、恐らくは此《これ》に及ばさらん、義公（光圀）才を愛するの効、是に於いてか見るべし」と讃えている。この年（正徳五年）十二月『大日本史』紀伝が脱稿し、藩主に呈し、光圀の廟に献じた。

享保元年（一七一六）綱条は命じて光圀の遺意に遵《したが》って志《し》を修し、また光圀の志《こころざし》を継いで続編を修めることを史館に達した。この年安積覚に命じて、本紀・列伝の論賛を撰ばせた。覚は数篇の文字日ならずして成るという勢いでこれを草した。

享保五年（一七二〇）十二月二十九日、『大日本史』本紀七十三巻、列伝一百七十巻、幷に序目、修史例、引用書目各一巻合わせて二百五十巻、繕写の功が竣《おわ》って幕府に献じた。幕府は邦家の鴻宝となすべしとこれを褒諭した。これで正式の内容は定まったはずであるのに、この期《ご》に及んで、翌六年五月、安積覚は総裁に献言して、『大日本史』中、南北講和の事は、『足利治乱記』『京極家譜』に拠って文を成しているが、今考えるに二書は偽撰であって取るべきでない。すでに幕府に献じたからには、損改はできないが他日志表のできたとき、更定改正の機があろうから申し上げると言っている。光圀の修史開始に先だつ一年にして生まれ、天和三年早くも史館に入ったという澹泊にして、こうした修正意見をしばしば述べていることから見ても、水戸の修史の困難であったことが推し量られるのである。

享保十九年（一七三四）幕府は『大日本史』の上梓を許した。ここで安積覚はまた紀伝検閲の必要を述べて、これに着手し、元文二年（一七三七）功を竣えるとわずかに一ヵ月で没した。八十二歳であった。この年はまた続編編修の禁止を総裁打越直正が提議した年でもある。これで続編のことは沙汰止みとなり、以後は諸志を各人が分担して編修することに力を注いだ。寛延二年（一七四九）再校『大日本史』の浄写の功が竣った。享保十九年出版のことがきまってから、十六年を要している。このことを『修史始末』には、

日本史の成るを告ぐる、蓋《けだ》し天数あり。あに唯に人力のみならんや。それ義公の薨を距《さ》る十有五年にして紀伝始めて稿を脱す。二十年にして始めて幕府に献ず。三十四年にして上梓の命あり。五十年にして繕写功を竣ゆ。其の後高閣に束ねて徒らに歳月を経たり。

と述べている。それは折角浄写が終っても、上梓には着手されず、荏苒《じんぜん》、時を過ごしたことを慨嘆したものである。事実、寛延の頃から水戸藩君臣の間に修史への情熱が薄らぎ、総裁は次々に任ぜられたが、経を執って侍読し、顧問に過ぎないという状態であったからである。それが復興の勢いを示したのは、寛政十一年（一七九九）が、光圀没後百年に当るという年の前後からである。藤田一正の『修史始末』は、寛政九年に書かれたものであるが、その最後に、

客歳冬、先生（総裁立原万）館僚に謂ひて曰く、義公百年の遠忌《おんき》己未の歳（寛政十一年）にあり。相去ること僅に三年、紀伝を校刻し、以て先君の志を成すは、必ずこの期を踰ゆべからず。是に於いて在館の士皆激励奮発せざるはなし。しかのみならず、君上（文公治保）聴政の余暇を以て躬自ら閲覧し、まさに一両歳を限りて業を卒へんとす。史館ありてより以来、末だかくの如きの盛あらざるなり。

と修史事業の復活ぶりを記している。以上あまりに編修の経過を詳しく記し過ぎたから、このあたりで、筆をはしおり、この後の推移の概略を記そう。

享和三年（一八〇三）治保の意により論賛を删除することがきまった。紀伝の印刻は文化二年（一八〇五）頃から始まり、逐次刻本を幕府に進呈した。文化六年（一八〇九）『大日本史』の題号を用いることについて朝廷に進奏して正式の許可を蒙り、同八年『大日本史』刻本を朝廷に献じ、叡感を蒙った。以後はもっぱら志表の編修に努め、明治の廃藩以後も、彰考館は存続して修史事業を進めた。明治三十年（一八九七）志表の総序が成り、志表の目次も確定した。志は神祇、氏族、職官、国郡、食貨、礼楽、兵、刑法、陰陽、仏事の十編、表は臣連二造、公卿、国郡司、蔵人検非違使、将軍僚属の五編である。この志表の編修に最も功のあったのは栗田寛であった。

志は苦心の甲斐があって、当時の歴史考証の頂点を示したものとして評価されてよい。神祇志で、『延喜式』所載の神社、国史所載の神社を今の何社と比定したこと、国郡志で諸国の郡郷について歴史地理的な考証を試みたことなどは、今日でも優に参考とするに足りる。表では国郡司表、蔵人検非違使表が、今はもちろん古文書などで増補する必要はあるが、その基幹をなすものとして有用である。

伝も何度か修訂したが、叛臣伝とか逆臣伝とかの項目を立てたため、誰を叛臣伝に入れるか、入れないかについて、自縄自縛に陥った所がなしとしない。源義朝、義仲は叛臣伝に入れながら、足利尊氏は将軍伝に入れている。澹泊の論賛には「廃主の命を奉じて叛臣の名を免る」とか、「尊氏不臣の罪計《かぞ》ふるに勝《た》ふべからずと雖も、亦朝廷自ら紀綱を堕《おと》すの致す所なり」とかいって、無理に叛臣を擁護するような弁を弄している。南朝を正統とする立場からいえば、すっきりしないが、所詮複雑な立場にある人を叛臣とか忠臣とかの一語で片づけることの無理から生じた矛盾といえよう。

読史余論・古史通

幕府編修の『本朝通鑑』水戸藩編修の『大日本史』は、近世史学の到達したそれぞれの成果といってよいが、別に個人の著作としても、すぐれた史書が相ついで現れた。今それらの一々について述べる余裕はないので、近世史学の創始者として仰がれる新井白石を代表者として取り上げ、その著書の一つ『読史余論』について説明しよう。

白石は武士の出身であるが、牢人生活を重ね、窮迫のうちに勉学した。元禄六年（一六九三）三十七歳で、甲府の徳川綱豊に仕え、主に進講をして君徳の涵養に資することを任とした。宝永元年（一七〇四）綱豊は将軍綱吉の継嗣となり、家宣と改名して江戸城西丸に入った。そして同六年（一七〇九）綱吉は没し、家宣が六代将軍となった。

こうした主の身上の変化にもかかわらず、白石の進講は続けられ、その間にかれ自身の学問も磨きを加えて行ったと見られる。進講の書目は、『詩経』、四書、『春秋』などいろいろあったが、もっとも重きを占めたものは『通鑑綱目』であった。その講義の副産物として、正徳二年（一七一二）春夏の間、座を賜わって、日本の古今を論じた時の草本が元になって、『読史余論』は生まれた。正徳二年は白石五十六歳である。初めは進講の控えであったが、のちに門人や白石の子息がそれぞれに写し、最後に写し終えたのは、享保八年（一七二三）十一月十一日であったと流布本の奥書にある。これより世に弘まるようになったのであろう。

この書は三巻より成っている。第一巻は天下の大勢の九変観・五変観の総論から、その九変観の各論にあてられ、第二巻第三巻を五変観の各論にあてている。清和天皇が幼少で即位し、外祖父良房が摂政したのが外戚専権の始めで、一変である。陽成天皇の廃位、基経の関白が二変、冷泉天皇から後冷泉天皇に至る八代は外戚専権の世で三変、後三条・白河の両朝は天皇の親政で四変、堀河天皇から安徳天皇に至る九代は政が上皇より出た時で五変、後鳥羽・土御門・順徳三天皇の時代は、鎌倉将軍が兵馬の権を分掌したときで六変、後堀河天皇から光厳天皇に至る十二代は、北条氏が陪臣で国命を執った時代で七変、後醍醐天皇が重祚して天下朝家に帰することわずかに三年で八変、その後天子蒙塵、尊氏が光明院を立てて主とし、天下永く武家の代となったことで九変というのである。

武家の五変は、武家政権発展の過程を五つの時代に分けて考察したもので、頼朝が幕府を開いて父子三代、天下の兵馬の権を掌ったのがおおよそ三十三年で一変、義時以来北条執権の世が七代で二変、尊氏が光明院を北朝の主として幕府を開き、子孫ついで十二代に及ぶ二百三十八年が三変、織田信長・豊臣秀吉の時代が十五年で四変、その後当代の世となったのが五変というのである。

ここに変というのは、巻一の表題に「本朝天下ノ大勢九変シテ武家ノ代トナリ、武家ノ代又五変シテ五代ニ及ブ総論ノ事」と使われている場合は、天下の大勢の変るという動詞に用いられているが、一方、一変、二変というときは、時間的長さをもった期間を指している。しかもその長さは長短自在であって、公家の八変は僅かに三年、武家の三変は二百三十八年というように形式にこだわらない。そして分け方の立場は公武両政権の隆替という点だけにしぼっているが、明らかに日本歴史の時代区分の試みであって、『愚管抄』に示された時代区分よりも客観性に富み、多くの人の共鳴を得ることのできる区分である。

この書の叙述の仕方は、初めに事実の推移を記した綱文のようなものをおき、次にそれに関する挿話・逸事の類を諸文献を引いて加え、必要のある場合にはみずからの評論を記す。事実の記載には多くの文献を参照したと思われるが、史料の吟味にはそれほど意を用いた様子はない。平安時代の部分はもっぱら『古事談』によっているし、全体にわたって『神皇正統記』の引用は大へん多い。それは引用のことを明記せず、自分の文章のように記している中にも、『正統記』からの転用がおびただしい。後になっても、第一等の史料としては、『玉海』『園太暦』などが見えるくらいで、ほかは軍記物語による所が多い。それは精深な学問研究の著述ではなく、家宣に古今治乱の跡を述べ、その戒めとしようとしたものだから、事実の詮索に精根をこらす必要はないとしたからであろう。

ただし、かれが史書の潤飾を認め、それに注意していたことは、本書の随所に見えている。崇神天皇の四道将軍のことを記して、「其代ニ将軍ナドイフ名号有シニハアラズ。日本書紀ニシルス処ハ、後代史作ラレシ時、潤飾ノ詞ト見ヘタリ」という卓見を示している。

また頼朝が義仲を討ったことは、罪なくして討ったもので、更にその謂《いわ》れがないとする。『平家物語』『源平盛衰記』に記す所は、義仲が田舎人で礼にならわぬこと、法住寺殿を焼いたこと、の二条であるが、前者は罪とするに当らないし、後者は自らの死を救う策で、君側を掃う挙であるから止むを得ない。これらの物語は鎌倉時代に記されたものであるから、頼朝によいように書こうとするが、その辞を得なかったのであると、物語書の叙述に私のあることを考慮に入れている。

本書の主眼は白石の学問見識から出た評論の部分にある。この評論において、かれは縦横に世の推移を論じて、その因って来る所を考えたり、人物の心理を解剖してその行動を批判したりしている。それは辛辣な批判であり、容赦ない糾弾である。もとより目的は徳川政権の正当性、従って武家政権の由来の正当性を論証し、家宣将軍の国政処理の参考に供することになるから、家康の行為は無条件に神聖視せられ、批判の外にある。また武士の功績を讃えて、

中世ヨリ此方、喪乱ノ際、節々段々、義ヲ思ヒ、力ヲ竭シ、死ヲ致スハ、タヾ武人ノミナリ。世スコシモ穏ニナリヌレバ、尊位高禄ニ居テ、武人ヲバ奴僕雑人ノ如クニ思ヒナシ、世ミダレシ時ニハ、捧首鼠竄シテ一人モ身ヲ挺テ忠ヲ致ス者ナキハ、公家ト僧徒ノミ也。誠ニ国ノ蠹害《とがい》トハ此輩ヲゾ云ベキ、サレバ天道ハ天ニ代リテ功ヲ立ル人ニムクヒ給フ理ナレバ、其武家世ヲ知リ給フ事、其故アリトゾ覚エ侍ル。

というあたり、あまりに武家礼讃に過ぎるとはいえ、武家階級からは拍手をもって迎えられる主張で

ある。

もっとも、かれは天皇の地位が将軍の上にあることを否認する考えは少しもなく、上古の征伐天子より出たことについて批判めいたことは言っていない。『難太平記』に源義家の置文に、われ七代の孫に生まれかわって天下を取るべしといったとあるが、義家は功があってその賞を与えられなかったから、そのような置文を残すのも尤もだ。ただし天下を取るべしというのは、朝家を傾け参らせる意味ではない。ただ当時天下の権が久しく執柄の家にあったから、その権を奪ってわが後に与うべしとの義であろうと弁解したり、頼朝を非難して、普天の下、率土の浜、誰人か王臣にあらず、いずくか王土にあらざる。頼朝の滅ぼした所、押し取った所、悉く王土と王臣ではないかといったような、武家政治擁護論には障りになるような文章も見えたりする。

かれは世の推移を天道の計らいによると見、その天道は有徳の人にくみするという儒教の歴史観を根柢に抱いているから、為政者の不徳奢侈を痛烈に非難する。後白河法皇は暗主であり、寵臣に捕われること前後四度、ついに頼朝に脅かされて天下の権を取られたとか、後鳥羽院も天下の君たる器がなく、共に徳政を語るべからずという類は、武家の立場として不思議はないが、頼朝に対しても痛烈な非難をあびせ、北条義時・同時頼、足利尊氏・義満に対しても同様である。

とくに義満は将軍家のめでたい例に引くが、それはまちがっている。不学無術、性驕恣で、信義のない人であると痛論する。足利将軍の政治を概観して、天下が平定すると驕侈が必ず生ずる。足利氏の乱れは義満の時に萌し、義教の世に長じ、義政の時に極まった。国用の不足は上一人の驕奢から起こる。その弊害が下人民に及んで、その苦しみ怨む所の禍は、また却って上一人に帰する。天下の乱れは、根本は天下の財が尽きて、民が窮迫し、大名が貧しくなるによるともいう。君の驕りに対し強い反省を促していることは、かれの生きた現実的な時勢との関連で意味が深い。

かれは、また仏教を嫌い、日本歴史に与えた仏教の弊害ばかりを挙げるのに急であるが、これは当時の儒者一般に通じた排仏思想によると共に、仏教の浪費的性格を見遁すことができなかったためであろう。北条泰時が伽藍の建立を勧めた僧の言に従わず、伽藍を建てれば費えが大きく、国の煩いとなる。それは安民の便でないとことわったことをたたえ、反対に時頼は建長寺を建てて以来、寺々がたくさん作られ、国の宝が大いに費え、盗賊巷にみちみちた。尊氏の天竜寺を建てたことも然り。

武将ノ身トシテ斯ル道ニ惑テハ、国ヲ治ムル事難カルベシ。寺作ル者有ナバ、先ゾ四海ニミテル流放ノ民ヲ救フ謀エソアラマホシケレ。

と言っている通り、現実政治への関心よりの言と考えられることが大きく、冷静な歴史的判断とは言えないであろう。

応仁の乱を論じて、それが継続の問題に原因していることを述べ、闇主が国を覆《くつがえ》すも姦臣が世を乱すのも、必ず継続の事によるものであるから、よくよく心得べきことであるといっているのも、現実当面の問題を顧慮しての言である。このような現実の訓誡が書中随所に見られ、それは本書の純粋な学問的価値を低めているといえる。けれど白石自身は学問はそのような現実的役目を直接に果すべきものと考えていたのであって、佐久間洞巌あての書簡に、

本朝にはむかしの実事をも考校し、今日政事の用の心得にもなり候やうのものとては一部もなく候。口惜しき本朝の学文と存候。

とあるのは、それを語っている。歴史はまさに今日の政治の用に立つべきものと、かれは考えたのである。

白石の著わした史書としては、『読史余論』のほかに、『藩翰譜』『折たく柴の記』『古史通』などが著名である。中でも『古史通』は神代に関するかれ独自の解釈を記したもので、合理主義史観をもっともあらわに示したものだから、『読史余論』と並べて、『古史通』について一言しよう。『古史通』は流布本凡例の終に「正徳六年丙申三月上澣」の年紀があり、『古史通惑問《わくもん》』の終には、「正徳六年丙申三月下澣」とあり、白石の日記には正徳六年（一七一六）三月十三日に、「古史通五冊上ル」とあるから、正徳六年家継将軍の没する一月あまり前に脱稿して、家継に呈したものである。家継に呈上はしたが、著作の命は、他の著作のように家宣の下したものであったことは、佐久間洞巌あての白石の書簡によって知られる。たとえば享保六年四月十一日付の手紙に、

文廟（家宣）いまだ藩邸の御時に候き。神代の事ども、とくと御心にわきまへられがたく候間、

よろしきやうに申のべ候へとの御望に付、古史通幷或問合て十巻のもの差上候事有之候。

とあり、年代不明の書簡に、

前代に条々御旨も候て、日本紀の中、神代巻と申す二巻、老拙所存をしるし奉り候はぬかとの御事に付、旧事紀、古事記、日本紀幷に古語拾遺、又は歴朝国史風土記等のごとき正史実録に見え候事共をのみ採用ひ、異端曲学の偽説を除き候て、古史通と名づけ候て、それにまた或問三巻を附し、いかにしてか、かくは決し候かとの問を設け、其事を弁じ明らめ候もの、合せて十巻ばかりも可有之候か。

と、『或問』をつけた由来も述べられている。

本書はこのように、かれの時代とは直接かかわりのない神代を対象としたものだから、『読史余論』のように露骨な武家擁護の立場を表わす必要もなく、理想とする合理主義を思うままにのばすことができ、学問的価値の高いものと一般に評価される。

けれども、著作の目的は家宣に進呈することにあったことや、かれの歴史学が一般に今日の政治の用に供することを主眼としたことなどを考えれば、『古史通』とてもその根柢にある儒教的道徳史観に制約せられていたことは争えない。かれの神代史の構成は、諸書を比較対照して、「其事実に近く、其義やや正しと見ゆる所を徴と」するのであり（或問上）、それは畢竟客観性をもつものと、義の正しいもの、即ち儒教的な道義観念から正しいと思われるものを選び出すことになるからである。

かれの神代史解釈の方法論の特色として「通」の提唱がある。凡例によると、通には少なくとも四つの意義がある。第一は史料として、『古事記』『旧事紀』『書紀』などを通じて記すという意味で、史料としての文献の偏頗な採用をしないということである。第二は今仮りに用いる文字を古語によって通じて解釈すること、第三は今の言葉をもって古言を通ずること、第四は俗言をもって雅言を通ずることであるという。第二以下の三義は白石の言語学研究の立場であり、言語学の研究をもって神代史研究の予備的段階とした態度を示す。このこと自体は、必ずしもかれの独創ではないが、ただかれの言語研究は先行の学説よりもすぐれたものをもっていたから、その点で特殊の成果をあげた。

かれの言語学上の業績は『東雅』に集約されている。『東雅』の総論において、かれは天下の言語には古言あり、今言あり、古今の間に方言あり、方言の中に雅言あり、俗言ありといっている。すなわち言語には時代による変遷があり、地域による相違があり、社会層による相違があるという複雑さを認め、それを通じて解釈しなければ言語の真はつかめないと考えるのである。また文字と言語とを厳格に区別し、漢字に惑わされて言語の真義を無視しがちな状勢に対し、漢字はあくまで仮用《かりもち》いたものとする立場を守り、古語の真義に直接に迫ろうと努めている。このような態度は従来の言語研究に見られなかったものであるが、かれはこの方法を古史解釈の上にも応用したのである。

こうして『古史通』四巻にまとめた所は、まず諸書を参考して、そのよいと認めた所を取捨して本文として掲げ、その文辞の解釈すべきものは、各条の下に低く下げて記し、別に『或問』三巻を付して、上述の所説の根拠などについての進んだ説明を、問答の形で叙述する。

こうして記された本文は、

　我国ひらけし初、天地《アメツチ》の中に生《ナ》り出ませし神の名を国常立尊《クニノトコタチノミコト》と申す。

以下、神世七代の神々を記し、詳しい説明を加えたのち、また本文として、

　亦天地初て剖判《ワカレ》し時に高天原《タカマノハラ》に成神《ナレルカミ》の名天《アメノ》御《ミ》中主尊《ナカヌシノミコト》、可美葦牙彦舅尊と申す二柱の神おはしましき。

と、いうように重複と思われる叙述にあう。これは『書記』『古事記』『旧事紀』などの所説を混ぜ合わせた本文で、人を迷わすこと甚だしい。とくに『旧事紀』の偽書であることを見ぬけず、聖徳太子撰述の書として扱っているのは、かれの古史考証には大きなマイナスとなっている。

有名な「神とは人也」という名句は、この『古史通』巻一の最初の条の注釈に見えるものであり、神代史を人の代の歴史として解するかれの態度を端的に示している。そして、これはかれの言語学的研究に支えられているのであって、我が国の俗はその尊ぶ所の人を称して加美《カミ》という。字を仮り用いるに至って、神と記し、上と記す別はできたのであるという。神代史の全部を人の世の歴史と見ることは、神話の性質を見失ったものとして賛成することはできないが、そこに歴史的事実も含まれているであろうことを示唆した功は認められてよい。ただし神を人と見る考は山鹿素行あたりにも見えているのであって、儒者の合理的態度の当然達すべき境地であり、白石において突然現れたものではな

い。ただかれはそれを大胆率直に述べ、且つその態度を神をめぐる他の現象にも網羅的に拡充したことにおいて特色をもつ。

他の現象の第一は、神々の住所としての高天原である。かれはこれを解釈して、高天原とは古来上天虚空の義と解するが、これは今の文字によって義を説いたものである。文字によって義を説いてはいけない。高は古の高国（『旧事紀』）・多珂国（『常陸風土記』）で、今の常陸国多珂郡の地である。天の字は『古事記』に阿麻《アマ》というとある。阿麻は海である。阿母《アメ》は天である。天を阿麻というのは、その音の転じたものである。原の字は播羅である。上古の俗で播羅といったのは上である。そこで多訶阿麻能播羅というのは、多珂海上之地であると、高天原在常陸論を説くのである。

文字によって言語を解することの誤りは白石の述べる通りであるが、これを高天原に応用して、直ちにその名を地名とすることは正しいとはいえない。またかりに正しいとしても、常陸の多珂と決定することは、根拠薄弱であるといわねばならぬ。しかし、かれは常陸説を強化しようとして、その他の神名もむやみに常陸に附会する。最初に天地の中に生まれた神、国常立尊の名の意味は、常国《トコノクニ》に立給いし御事《ミコト》であり、常国は常世国・日高見国で、常陸国であるという。また国狭槌尊《クニノサヅチノミコト》は国狭立尊ともいい、狭《サ》の国に立給いし御事《ミコト》であって、狭国はいまの上総・下総である。その次の豊斟渟《トヨクムヌノ》尊は豊国主尊ともいい、豊国野の主の御事《ミコト》であって、その国は豊城の国、すなわち上毛・下毛である。後世常陸・上総・上野三国を親王の任国とするのは、いかさま本拠があったことであろうとまで発展する。

これらの神名の基を関東の地名に求めれば、高天原常陸説を強化できるとしたのであろうが、今日のわれわれから見ると、附会の深みに陥るだけで、あわれさをおぼえる。

神代史上の事件についても同様に、人事現象として説明を試みる。伊弉諾《いざなぎ》・伊諸冊《いざなみ》の尊が、天つ神の命を受けて天浮橋に立って下界を見たというその浮橋は「海に連る戦艦」のことであり、両神が天御柱をめぐって、みとのまぐわいしたのは、男神は左軍に将とし、女神は右軍に将として、この島を行き廻って軍を合わせて進もうとしたのに、両軍先後して期に合わなかったことであり、瓊瓊杵尊の天孫降臨は、常陸から海上を筑紫に向ったのであり、天の八重多那雲を押分けて伊都能知和岐氏《イツノチワキテ》進んだのは、今の伊豆国に御船をよそおって其の道を開いたのである。伊豆は上世以来大船を作る所であり、伊豆の走湯山神社が瓊瓊杵尊を祭るというのも、その跡ではないかという。

こうした具体的な成果の一々を挙げると、かれの神代史は結局附会が多くて取るべき所は少ないということに帰着する。かれが洞巌に与えた書簡の中には、加賀の前田綱紀からの書を写して、

本朝古今第一の書、万古の疑を決し候とて謝辞なども候き。

と称讃した由のことが見えており、当時としては前代未聞の書であり、疑いを解決したように思われたかもしれないが、疑いは一つも解決してはいないと考える。

日本開化小史

二百六十年の長い間、政権を維持した江戸幕府が崩潰して、明治新政府が成立したことは、政治上はもとより、社会経済上に、思想上に大変革をもたらした。とくに、四民平等、文明開化を標榜する世態に応じて、これまでの歴史叙述に対する反省が加えられ、新しい史書のあるべき姿が模索された。その口火を切ったものは、福沢諭吉が明治八年（一八七五）著わした『文明論之概略』であろう。

この書において、福沢はこれまでの歴史は王室の系図を詮索するか、君相有司の得失を論ずるか、戦争の勝敗を記した講釈師の軍談に類するものであって、政府の歴史ではあるが、国の歴史ではない。国の歴史がないということは一大欠典であると言っている。また文明発達の程度に応じて、野蛮・半開・文明の三段階があり、わが国はその半開の段階にある。国の独立を保つためには文明を進歩させねばならず、それには人民の智徳を向上させねばならぬという経世説にも及んでいる。これらの説は、ギゾー（一七八七―一八七四）の『ヨーロッパ文明史』、バックル（一八二一―六二）の『英国文明史』など、西欧の歴史書の影響を強く受けたもので、従来の日本の史書の全く関知しない思想であった。

福沢の所説は荒削りの段階であったが、これに歴史事実の肉付きを加え、新しい文明史体のあるべき姿を示したものは、田口卯吉の『日本開化小史』である。田口は幕臣であるが、洋学を修め、経済学にも明るく、歴史はとくにその好む所であった。この書は六巻に分かれ、成るに従って印行された。第一巻は明治十年（一八七七）に刊行され、第六巻の刊行されたのは明治十五年であるから、全巻の完成に五年を要したことになる。

各巻は幾つかの章に分かれ、第一巻第一章は「神道の濫觴より仏法の弘まりしまで」、第二章は「漢学の渡りしより京都の衰へしまで」、第二巻第三章「封建の権輿より鎌倉幕府創立に至る迄の地方の有様」というように、時代を追って歴史の大勢を述べている。そして第十一、第十二の二章で徳川治政の開化の現象を記し、第十三章で勤王心の発達、徳川政府の滅亡までを叙している。この分け方には特別の新味はないが、史実を述べる間に、独自の史論を展開し、史論が全篇の大部分を占めている点に、本書の特色がある。

巻頭の自序に、

夫れ人、因無くして怒る者非ず。又縁無くして喜ぶ者非ず。則ち喜怒の状態を見て、その因縁を求め、以てその心の喜怒を評すれば、誤りなきに庶幾《ちか》からん。歴史は古来の評なり。古来一世に非ず。世々一人に非ず。治乱の形勢、雑沓繽紛《ざっとうひんぷん》、もしこれを分析する能はずんば、未だ必ずしも皮膚の見を免ること能はざるなり。故に史家の苦辛は歴代許多の状態を蒐集するに非ずして、その状態の本づく所を究尽するにあるのみ。余この書を記して、その悉《つ》くすべきものは務めて之を詳かにし、その略すべきものは務めて之を省き、以てその情を得んことを期す。然りと雖もこれもと公事の余、少暇を偸みて成す者。況んや余の浅学寡聞、安《いず》くんぞその喜怒を評するの誤りなきを保せんや。

とあるように、歴史事実が何が故に起こったかの原因を究明する所に目的をおくとする。

そして貨財という概念を頻繁に用い、人心の文野は貨財を得るの難易と相俟って離れないものである。貨財に富みて人心の野なる地はなく、人心の文にして貨財に乏しい国はないという。この貨財は生活必需物資という意味の外、もっと広く経済という意味にも用いているが、田口は歴史の動力を貨財と見ることを強調する。神代の記述でも、

怪力を敬するの心起りてより、貨財の進むに従ひ人心漸く過去の履歴と其祖先を尋ぬるの方向に進めり。

とか、神武天皇の東征を述べて、

皇軍を渡すべきの船舶あり。遠征を支ふべきの糧食ありて、貨財の有様亦旧時の比にあらざれば、想像の及ぶ処亦た極めて増加せり。

とか、仏法信仰の結果を記して、

仏法の貨財分布の有様を変換せしことは、著明なる実録を得がたしと雖も、巨大なる寺院も出来、徒食の僧尼数多出来しかば、国内の入費極めて増加せしと云はざるべからず。

とか、文学の発達を論じて、

記事の巧みなるは想像の密なるにあり。論文の精なるは智の洽《あまね》きにあり。其精粗巧拙は則ち社会貨財の進歩に従ふものにして、之を以て開化の進不進を徴証するに足るものなり。

とか、従来の史書が看過していた所に、常に貨財の背景を考える。経済学者としてふさわしい発想であり、新しい一つの史観である。

それと共に、従来の儒教的歴史観が人の去就を道義によって判断していたのに真向うから対立し、人は生まれながらにして利己心を有するものであり、己れの利益は図るが、人の利益は省みない。快楽な生活を送ることを目的とするという快楽主義、利己主義を堂々と述べる。ただし人間がこれだけに執すれば、禽獣に異ならないから、経験が進めば、父母兄弟の恙ないことを願い、親族朋友から見も知らぬ他人まで、耳目に触れるものをあさましい有様に至らしめないようにと心がける。これは己れの損失を憂えないわけではないが、その憐れな有様を見て心を悩ますことの方が、損失よりも大きいからである。これが倫理の情の起原である。それ故に倫理の情は成長した私利心である。善悪邪正の考えは他人の評判を得て発するものであるというようなスペンサー（一八二〇―一九〇三）の倫理説を鵜呑みにしたようなことを述べる。

これが明治十年代の開明的知識人の通有の思想であり、多分に旧弊を悪《にく》む感情的なものであったことは、室町時代の人民の窮迫を述べた次の一文から察せられる。

要するに、海内の人民は皆な君主を戴き、其属隷となりて、其厭くなきの欲を満たさざるを得ず。

其暴虐の命に従はざるを得ざるの極に陥れり。此時若し人民をして威力あらしめば、其肉を食ひ、其骨を砕くも猶ほあきたらずと云ふべきに、彼の開明の人民の最も嫌忌せる主僕の教漸く盛になり、此暴戻無慚の盗奪者を君主と仰ぎ、君恩の万一に報ひよと教へられたるこそうたてけれ。

本書が文明開化の思潮を代表した史書として、画時代的の意義をもつことは、多くの人の認める所であるが、私から見ると田口の議論は必ずしも一貫しているともいえず、主眼とした歴史事実の因果の究明も成功しているとは思われない。

むしろ欠点の多くが目につく。用いた史料が吟味されていないから、議論の根拠になっている史実が脆弱である。そして、第六章に文学の歴史を述べると称して、『古事記』『日本書紀』『大宝令』などの漢文体の古典から始めて、『伊勢物語』『竹取物語』『土佐日記』などの和文体の文学書に言及し、転じて史書の体裁について論じ、編年体の歴史は年表であって歴史でないと一蹴する。続いて現れた『大鏡』『水鏡』は歴史の体裁を簡明にし、後人をして古代の沿革を知り易からしむるの好書である。けれどもまだ国家の有望な事実を記したものとも言えず、事実と事実の関係を記したものでもない。

その後に出た葉室大納言時長の著わした『保元物語』『平治物語』『源平盛衰記』と、信濃前司行長の著わした『平家物語』は、行文の巧みなことと、体裁の具わったことにおいて前代の諸書に超越するのみならず、実に後世の史家をして永くこれに拠って編史の術を試みさせる基となったと言っている。この議論には驚かされる。もう少し著者のいう所を聞こう。

二氏（時長・行長）は日本文学に大功があるが、それは想像力の緻密とか文章の体裁を修正したとかに因るのではない。それは世にいわゆる記事体、すなわち事実によって統記する文体で歴史を記載したことである。歴史とは事実を記すものだから事実の種類によって沿革を示さなければならぬ。しかるに我が国では王政の時から編年の体が行われて、関係のない事実をも年月さえ同じならば、これを一文の中に混記する。その年月を詳かにするのが、史家のもっとも精神をこめた所であった。だから当時の政事の有様や人民の情況を知りたいと思っても、これを記さないばかりか、緒口《いとぐち》すら見出すことができない。

二氏が出て、年月の古今に関せず、事柄に従って類別して記しているから、数代の事件を自ら一読のもとに瞭然と知ることができる。二氏の功はすこぶる偉大であるというのである。

この議論は初めから終りまで文学と歴史とを混同し、収拾できない混乱を示している。軍記物語の体裁によって、史体のあるべき姿を考えるなど、見当違いもはなはだしい。『保元』『平治』『源平盛衰記』を一括して葉室時長の撰として、『平家物語』と並べているなど事実の誤認は、当時の学界の水準ではやむを得ないとしても、これらの軍記物語を後世編史の基準になったと見るのは、古い史書に対する無知を現わしたとしかいう外はない。

今一つ目につくことは、代々の為政者に対する批判は常に峻烈を極めているが、徳川家康に対する評価は甘い。徳川氏の統治組織の堅固であることを記して、家康は仁徳の人にして、当時の諸侯能く及ぶものなく、其家臣は皆な忠義の人にて、君家の為には水火をも避けず、之を仰ぐこと親の如く、之を見ること子の如し。君仁にして臣義なり。故に固結して離るべからず、此固結せる一体を以て関東形勝の地に拠りて以て海内英雄の名誉心を鎮圧せんとしたり。其圧するもの太だ重しと雖も其支ふるものも亦た強し。

という過褒から始まって、天下を制する政略の何れも肯綮に当っていることを数ヵ条にわたって述べる。これを信長・秀吉に対する評論の厳しいのに比すれば、明らかに均衡を失しており、幕臣という境遇は開明の世になっても暗々裏に田口の脳裏を左右したかと、ほほえましく思われる。

『開化小史』は明治初期の開明思想に乗った人びとに大きな影響を与えたらしいが、今日から見ると、さほどの感銘を受けるという程のものではない。むしろ、それよりも田口が史学の発展普及の上に残したすばらしい功績として、塙保己一編集の『群書類従』の刊行と『国史大系』の編集刊行とを挙げずにはいられない。

『群書類従』は当時木版本はあったが、田口の経営する経済雑誌社から活版洋装本として明治二十六年（一八九三）出版を始め、同二十七年までに、十八輯・別冊一冊として完成させた。木版本では厖大な量に及ぶものを手頃な十八冊にまとめたことが、この書の普及を広め、国史・国文の研究を促進するのに、いかに役立ったか、言うを待たない。

史学として、もっと重要なことは、田口が自己の見識をもって、古来の重要な史書四十一種を集めて、活字刊行した『国史大系』である。最終巻第十七巻の巻末に、田口自らの記す所によると、明治二十九年十一月から着手し、明治三十四年十二月に完成したので、年を閲《けみ》すること五年二ヵ月とある。続いて校訂の苦心を述べ、その間意外の秘書を得て校訂に役立てたこと、最初予約広告には総計一万三千頁と概算したが、事実は一万八千六百余頁となったこと、主として校訂に当ったのは文学士黒板勝美君であって、この叢書を既刊の諸書に比し、大いに正確なものにしたのは主として同君の精密な校訂に由るということなどを、心をこめて述べている。

ここに収められた史書は六国史以下の重要なものばかりであって、これらの書物の活字化が学者にいかに便益をもたらしたか、それまでは図書館で『日本書紀』を見るにも、木版本三十冊を全部借り出さねばならなかったのに、座右にある活版本一冊ですむようになった喜びは、たとえようもなかったと、恩師辻善之助博士が私に語られたことがある。

黒板博士はこのゆかりで昭和四年『国史大系』の再刊を企てたが、新出の資料をもって、旧本に改訂を加え、十七種の書目を加え、『新訂増補国史大系』の名を用いた。義理堅い博士は、各冊の扉裏に、

旧輯本編修　　法学博士　　田口卯吉
新訂本編修　　文学博士　　黒板勝美

と並記して、田口の名を不朽に残そうとした。『新訂増補国史大系』は、黒板博士の逝去、戦争による制約のために意外に出版がおくれたが、昭和三十九年全六十六冊の刊行を完成し、今は研究者必備の宝典となっている。

田口が『国史大系』を編集刊行した意義は、明治二十年、三十年代において偉大であったばかりでなく、それから百年近くもたった今日においても、立派に生きている。史論はいかに花々しくても、時代が変れば色あせる。根本史料となる史書は不朽の生命を持ち続ける。『史書を読む』の最後に、このことを述べる機会を得たことを幸いとする。

あとがき

史書を読むことは楽しい。

このことを、一般の読書子に知っていただきたいと思って、本書の筆を執った。学問上のむずかしい議論を述べるつもりはないし、まして警鐘を乱打して、太平の世の眠りを醒まそうというような、大それた気持は微塵もない。

史学者の端くれにいながら、ずいぶんのんき気なことをいうものだと叱られるかもしれないが、人間も八十歳に達すると、こうした恬淡とした心境になる。幾ばくもない余生を楽しく過ごそうということよりほかの考えは起こらない。

ここに列挙した史書は、古代から近代にわたる代表的なものばかりである。いずれも広く世に知られたものだから、今更一々の説明など必要がないともいえよう。

しかし偉大な史書は読む人の立場によって、いかようにも変った姿を現わす。読むたびに新しい発見があって、あるいは驚き、あるいは笑う。ここでは私のそうした経験の一端を記して、各々の史書の性格や面白さを披露したものである。

それにしても、史書の選択が古代中世に偏して、近世近代に疎であるのは均衡を失しているとみずから反省する。これは私の好みにもよるが、史書の面白さが古い時代の方に多いということも否めない。人生の哀歓も世情の推移も、現代とかけ離れれば離れるほど、ロマンに富み、美しいものと感じられる。史書を読む楽しさを紹介するためには、こうした配分は止むを得ない所があることを諒とせられたい。

なお史書そのものに直接接していただくために、所々に原文を引用した。原文の多くは漢文であるが、漢文では若い人には取りつきにくいので、全部仮名交り文に書き下した。ただし原文の調子をできるだけ残すため、昔風の読み方に従い、仮名遣いも歴史的なものにした。原文が仮名交りのものは、平仮名、片仮名の別、仮名遣いなどすべて元のままにしたので、いわゆる歴史的仮名遣いと必ずしも一致しない場合もある。また、ルビは新仮名遣いに統一した。

この書の前身は、中央公論社発行の『歴史と人物』に、昭和五十五年一月号から五十六年十二月号まで、二年間毎月連載したものである。雑誌にのせた文章だけでは短くて、一冊の本にならないので、大部分の章に増補をして新事実を加えたから、雑誌に載せたものより、内容はかなり豊かなものになった。

この雑誌連載のことを最初に勧めてくれた春名徹氏、あとを引継いで二十四回まで完成させた藤井邑知氏、一冊の本にまとめることを熱心に取りはからった糸魚川昭三氏らの力がなかったならば、この本は日の目を見ることができなかったであろう。三氏に対して深く感謝の意を表する。

昭和五十六年十一月

坂　本　太　郎

『史書を読む』解説

大津　透

坂本太郎（一九〇一・一〇・七―一九八七・二・一六）は、第八高等学校をへて東京帝国大学文学部国史学科を卒業、一九三五年に母校の東京帝国大学文学部に助教授として赴任し、一九四五年に教授、一九六二年に停年で東京大学文学部を退職した。この間、戦前から戦後へかけて、歴史学界が皇国史観から唯物史観へと大きく変わる文字通りの激動のなかで、かつて平泉澄が中心だった東大国史学科の復興の重責をほぼ一人で担い、日本古代史を確立しただけでなく戦後の日本史研究の基礎を築いた歴史家である。一九五一年から一一年にわたり東京大学史料編纂所所長も兼任し、史料編纂所の出版活動を軌道に乗せ、『新訂増補国史大系』『国史大辞典』など戦後の学界を代表する大出版事業（いずれも吉川弘文館）にも従事した。東大退官後は國學院大學文学部教授をつとめ、一九八二年には文化勲章を受章した。

坂本の研究の専門は日本古代史であるが、なかでも制度史研究であり、代表作として学位論文の

『大化改新の研究』（至文堂、一九三八年）があげられる。本書は、結論こそ大化改新を皇室中心の王政復古ととらえ、律令国家の完成により中央集権国家が確立するという、いわば古典的な歴史観に立っているが、その特長は、結論よりもその過程すなわち研究方法の実証性にある。大化の改新から大宝律令制定にいたるさまざまな制度の成立過程について、中国の制度との関係を、隋唐の制度を中心に、時には周代にさかのぼって精緻な考証を行なっている。この研究方法は卒業論文である『上代駅制の研究』（至文堂、一九二八年）にさかのぼり、本書は長い間東洋史においても唐代駅制を考える時に依るべき業績であった。東京大学の新制大学院で令集解演習を開講し、多くのすぐれた門弟が育ったこととあわせ、今日の律令制比較研究に代表される古代制度史研究の基礎を作ったといっても過言ではない。

坂本のもうひとつの専門は、六国史などの史籍や文献の史料研究である。東大退官後それまでの個別論文五四編をまとめて出版された『日本古代史の基礎的研究』（東京大学出版会、一九六四年）が、上、文献編と下、制度編に分けられていることから、そう言っていいだろう。『大化改新の研究』では、津田左右吉の同名の論文を批判することにより論が立てられているが、『日本書紀』の記事の史料的価値を厳密に検討して史実を確定することに特色がある。論文として発表されたものとしては上述論文集の文献編に収められる「天智紀の史料批判」「日本書紀と蝦夷」「継体紀の史料批判」がすぐれたものだが、今日の我々にとっては、坂本が中心になって東京大学国史出身者を組織して、国語学など周辺研究者の協力もえて作られた詳細な注釈書『日本書紀』上・下（日本古典文学大系67・68、岩波書店、一九六五年、一九六七年、岩波文庫にも収録）の出版が、戦後の日本古代史研究の進展にとって文字通り画期的な意味を持っている。

この方面での代表的著作は、日本歴史叢書27『六国史』（吉川弘文館、一九七〇年）である。『日本書紀』にはじまる六国史のそれぞれについて、その成立事情から内容・諸本を述べ、日本古代の国史編纂の特徴を論じたもので、若い世代の古代史研究者に読み継がれ、今日に至るまで版を重ねている研究の基礎となる良書である。さらにその前に書かれた『日本の修史と史学』（日本歴史新書、至文堂、一九五八年）においては、古代から現代までのさまざまな歴史書を広くとりあげ、その編纂と史学のあり方を述べている。

本書『史書を語る』は、一九八〇年から二年間にわたり雑誌『歴史と人物』に連載された学術エッセイをもとにして、増補を加えて一九八一年に中央公論社から出版（一九八七年に文庫化）されたものである。「史書を読むことは楽しい」ということを「一般の読書子に知っていただきたい」と筆を執ったとあとがきにあるが、上の二つの書物の著述をふまえたもので、原文も多く引用されており、著者が謙遜するような軽い読み物ではなく、情報量の詰まった内容の濃い書物である。著者にとっては八〇歳を前後して書き下ろされたものだが、文章には老齢による衰えや緩みは感じられず、著者が最後に言いたかったこととして味わえるように思う。

本書は、『日本書紀』にはじまり『日本開化小史』にいたる二九冊の史書を取り上げているが、その史料的性格や、編者の姿勢などを正規の六国史から物語文学まで一貫した視点で論じている。分量的には『大鏡』までの古代の部分が約半分となり、『古語拾遺』や『旧事本紀』なども取り上げる。

六国史は史料的信憑性からからいえばもっとも優れているはずだが、問題が多い『日本書紀』については郡評論争にふれるくらいであっさりと叙述されているが、『続日本紀』については、体裁の不統一をはじめ、桓武天皇が自らの治世の途中まで収録させた心の驕りとその後自ら記事を削除させたことなどに厳しい評価が下される。『日本後紀』以降は、藤原北家嫡流が代々国史編纂をめざした特色があり、編者の性格が読み取れるという。『日本後紀』に六国史としては異例なほど批判的精神がみなぎるのは藤原緒嗣の剛毅な精神の現れだとし、『続日本後紀』は、自己顕示欲の強い藤原良房が自らの名をとどめようとし、儒者の春澄善縄が儒教政治が行なわれた理想的時代として礼儀に関して記事を特筆しているとする。『文徳実録』には、「春秋公羊伝」の筆法が採用され、官人の伝記が多いが、これは五位止まりだった学者の都良香が力を尽くしたためで、彼は庶民の動静に関心をもち地方の物語をのせたなどと、六国史にある種の文学性を読みとっている。

なお『日本紀略』の前篇は六国史の抄略であるが、独自に増補した部分があり、光仁天皇擁立の委細を記す「藤原百川伝」の引用、および桓武天皇が削除させた延暦四年九月の藤原種継暗殺の経緯と早良親王廃太子の記事をのせていることに注目している。

さらに六国史を補う古伝承として、『古事記』のほか、『風土記』（各地の地名説話）、『古語拾遺』（斎部氏の所伝）なども取り上げられる。著者が『古事記』は正史に対する補助的な意味での史書だとすることは、一般読者にはやや意外かもしれない。『古事記』と『日本書紀』を比較して、そのもとになった「帝紀」に大きな差異が無く、根本となる皇位の次第は全く一致することに注意し、天皇系譜に関する新説を批判し、とくに『古事記』が一部の天皇に記す崩年干支について、『古事記』は元来年時に無関心な書物であり古い注記ではないとして、それにより天皇の存否を推定する試みを否定している。現在は神話を中心に記・紀それぞれの作品としての独自性を強調する研究が盛んだが、日本書紀研究の第一人者である著者の発言は重いだろう。また『先代旧事本紀』は、記・紀や『古語拾遺』をつなぎ合わせただけで価値がないと明言し、そのうち巻十国造本紀だけには古伝承がもとにあるようで、物部氏顕彰の精神もよみとれるが、支離滅裂で重複があると厳しい評価である。

叡山の僧皇円による『扶桑略記』は、以上とは違って卑俗な物語を多く載せた史書で、間違いも多いと指摘するが、ここで一章を設けたのは、中世以降の人々の歴史知識に本書が大きな影響を与えたからだろう。今日伝わらない書物の逸文が多いとして、宇多・醍醐・村上の三代の御記の逸文を紹介する。軍記物語の祖である『将門記』は、将門の変直後に書かれたようなものではなく、唐の『帝範』の文章で飾っている例を示し、内容上もばかばかしい作り話で、面白いだけで事実としての説得力はないと厳しい。

歴史物語である『大鏡』は、文学的にも史学的にもずばぬけて優れているとし、文徳天皇からはじめ道長絶頂の後一条天皇万寿二年五月で終えるのを的確な史眼だとする。先行する『栄花物語』が女房の細々とした観察や文章からなっていて女性的であるのに対して、『大鏡』は、捨てるべきを捨て、批判もするなど男性的であり、人々の思惟や行動を伝えることに成功しているとし、いくつかのエピソードを紹介する。筆者には、『栄花物語』の編年体の方が史実を伝え、女房日記などの原史料を忠実に引用していて信憑性が高いように感じるが、著者の感性には女性的な仮名文学はなじまず、本書で栄花物語を取り上げなかったのであろう。

後半の中世・近世の史書については、筆者の能力と限られた紙幅から内容は省略し、気付いたことをあげたい。

歴史の道理を考えたと称えられる『愚管抄』について、慈円の願文の分析から、九条家の発展、貴族階級の擁護に執念をもやして自己中心の歴史観を述べたもので、彼の「道理」とは時に応じていかようにも内容を変えうると、冷たく切り捨てている。『平家物語』については、盛者必衰・会者定離のおきてを示し心に迫ると称えて、祇王・祇女の悲しい物語を紹介するが、実録として信用がおけないことはすでに江戸時代の公家のなかで指摘されていたと、野宮定基『平家物語考証』の冷静な判断と的確な批判を高く評価する。

著者は中世の史書を近世・近代に至る歴史のなかで評価するところに特色がある。『吾妻鏡』について、徳川家康がこの書に傾倒し印行させたのは、武士道の鏡としてだけでなく、朝廷対策の参考にしたためだとし、本書が神の意志を重視し、天照大神を本主だとし、北条政子も神功皇后の再生とするなどの公武関係への意識に注目している。『太平記』については、久米邦武・星野恒・重野安繹がこぞって史料として役に立たないと論じたのに対し、それは『大日本史』があまりに『太平記』を信用し南朝武士を讃えたことへの反撥があるとし、『太平記』は史学に益ありだと擁護している。ほかにも八代国治・辻善之助など多くの歴史学者が引用され、近代史学史の延長上に本書は存在している。

江戸時代に入ると、『本朝通鑑』『大日本史』と、儒教・名分論にもとづく大規模な歴史書編纂がなされた。そこでの林羅山・春斎と編修場、光圀と彰考館および人見伝・安積澹泊以下の編修の過程と苦労に多くの筆が割かれているのが特色である。なお著者は、『本朝通鑑』が太伯説を採ったとする説をとりあげ、羅山も春斎も太伯説を信じていないとして、『日本書紀』を重んずる自身の立場もあるのだろう、否定している。

泰伯（太伯）説とは、中国古代周王朝の祖先の一人で有徳の人泰伯が、日本へ渡来して皇室の祖先となったとする説である。尾藤正英氏は、それは江戸時代前期に広まり、皇室の永続性の根拠を神の意志でなく高い道徳に求め、日本の歴史を普遍的な道徳の法則のもとに合理的に考えた説だとして、高く評価している。新井白石『読史余論』の九変・五変観も中国的な易姓革命思想を取り入れたものであるし、『大日本史』も光圀のもとで編纂が始まったときは儒教的・合理的歴史観によっていたのが、後期になって国学的な神話的歴史観へ大きく変質し、そのため完成まで長い時間がかかったと指摘している（「皇国史観の成立」『講座日本思想4』東京大学出版会、一九八四年、ほか）。

なお古代・中世の史書については、それぞれ多くの研究があるが、さらに深めたい読者にはやはり『国史大系書目解題』上・下（吉川弘文館、一九七一年、二〇〇一年）を勧めよう。上巻は坂本と黒板昌夫の編で刊行されたが、下巻の刊行は遅れ、坂本の遺志をついだ皆川完一氏と山本信吉氏の編で、今世紀になって出版された千頁近い大作である。そこには日本後紀（山本信吉）・続日本後紀（笹山晴生）・文徳実録（松崎英一）・増鏡（大隅和雄）・吾妻鏡（五味文彦・井上聡）など、最新の成果をふまえた解題が収められている。

『日本開化小史』は、近代の西洋的な文明史観として一般には高く評価されるのだが、著者はその議論は一貫しておらず、用いられた史料の吟味が足りないと厳しい。むしろ田口卯吉のすばらしい功績として、『群書類従』の洋装本刊行と『国史大系』の編集刊行（一七巻、一九〇一年）をあげている。これは黒板勝美のあとをうけて坂本自らが『新訂増補国史大系』を完成させた（六六冊、一九六四年）ことにつながるのである。本書は、自らが史料集の校訂出版に当たり、戦後の混乱期に史料編纂所の『大日本史料』編纂を復活させた体験を踏まえて、史書を語るところに特色がある。本書を最後まで通読すると、古代の史書が現在にいたる歴史書編纂につながっていることが実感できる。

（東京大学大学院教授）

本書の原本は、一九八一年に中央公論社より刊行されました。復刊にあたっては『坂本太郎著作集』第五巻（一九八九年）所収のものを底本といたしました。

著者略歴

一九〇一年　静岡県浜松市に生まれる
一九二六年　東京帝国大学文学部国史学科卒業
一九三二年　東京帝国大学大学院を満期退学
東京帝国大学教授、東京大学史料編纂所長、國學院大学教授を歴任
一九八二年　文化勲章受賞
一九八七年　没

〔主要著書〕
『坂本太郎著作集』全一二巻（一九八八〜八九年、吉川弘文館）

読みなおす日本史

史書を読む

二〇一三年（平成二十五）十月一日　第一刷発行

著　者　坂《さか》本《もと》太《た》郎《ろう》
発行者　前田求恭
発行所　株式会社 吉川弘文館
郵便番号一一三―〇〇三三
東京都文京区本郷七丁目二番八号
電話〇三―三八一三―九一五一〈代表〉
振替口座〇〇一〇〇―五―二四四
http://www.yoshikawa-k.co.jp/
組版＝株式会社キャップス
印刷＝藤原印刷株式会社
製本＝ナショナル製本協同組合
装幀＝清水良洋・渡邉雄哉

ISBN978-4-642-06398-2

読みなおす日本史

刊行のことば

現代社会では、膨大な数の新刊図書が日々書店に並んでいます。昨今の電子書籍を含めますと、一人の読者が書名すら目にすることができないほどとなっています。ましてや、数年以前に刊行された本は書店の店頭に並ぶことも少なく、良書でありながらめぐり会うことのできない例は、日常的なことになっています。

人文書、とりわけ小社が専門とする歴史書におきましても、広く学界共通の財産として参照されるべきものとなっているにもかかわらず、その多くが現在では市場に出回らず入手、講読に時間と手間がかかるようになってしまっています。歴史の面白さを伝える図書を、読者の手元に届けることができないことは、歴史書出版の一翼を担う小社としても遺憾とするところです。

そこで、良書の発掘を通して、読者と図書をめぐる豊かな関係に寄与すべく、シリーズ「読みなおす日本史」を刊行いたします。本シリーズは、既刊の日本史関係書のなかから、研究の進展に今も寄与し続けているとともに、現在も広く読者に訴える力を有している良書を精選し順次定期的に刊行するものです。これらの知の文化遺産が、ゆるぎない視点からことの本質を説き続ける、確かな水先案内として迎えられることを切に願ってやみません。

二〇一二年四月

吉川弘文館